KB152118

환율의
이해와 예측

| 환율경제 | 최명식 지음

EXCHANGE RATE FORECASTING

| 저자 약력 |

최명식

미국 미주리대학교(컬럼비아) 경제학 박사
경기대학교 경제학과 조교수
E-mail : msc50355@kyonggi.ac.kr

환율의 이해와 예측: 환율경제

발행일 2018년 8월 27일 초판 1쇄
지은이 최명식
펴낸이 김준호
펴낸곳 한티미디어 | 서울시 마포구 연남로 1길 67 1층
등 록 제15-571호 2006년 5월 15일
전 화 02)332-7993~4 | 팩 스 02)332-7995
ISBN 978-89-6421-342-1
가 격 19,000원
마케팅 박재인 최상욱 김원국
편 집 김은수 유채원
관 리 김지영

이 책에 대한 의견이나 잘못된 내용에 대한 수정 정보는 한티미디어 홈페이지나 이메일로 알려주십시오.
독자님의 의견을 충분히 반영하도록 늘 노력하겠습니다.
홈페이지 www.hanteemedia.co.kr | **이메일** hantee@empal.com

PREFACE

자본주의하에서 자유계약제와 사유재산제가 보장되기 시작하면서 자본의 축적과 투자가 증대되고 대량생산으로 생산물이 많아지면서 시장경제가 확대되었다. 시장경제란 자유거래와 자유경쟁이 일반적인 상황에서 생산된 재화와 서비스 더 나아가 자원이 가격을 매개로 배분되는 것을 말한다. 시장의 가격을 기준으로 수요와 공급이 자발적으로 조절되는 시장질서 시스템이다. 자본주의 시장경제는 자원의 희소성 문제하에서 경제적 후생을 더 얻기 위해서 우선 효율성을 추구한다. 복지 확대 및 소득불평등과 빈부격차를 완화하려고 정부는 형평성도 적극 강조해야 한다.

오늘날 혼합경제의 경제질서는 시장질서('보이지 않는 손')와 정부질서('보이는 손')로 이루어져 있다. 자발적인 시장에서의 거래가 정부 정책의 영향을 받으면서 사회를 풍요롭게 발전시킨다는 것이다. 외환시장을 포함한 금융시장은 저축이 투자로 연결되어 경제가 성장하도록 원활한 자금흐름을 촉진시키는 역할을 다한다. 금융시장의 3대 지표는 주가, 금리, 환율이라고 한다. 이들이 경기와 경제의 변화를 나타내주는 지표이자 재테크의 출발점이라고 할 수 있다.

국제무역과 외환이 중요한 국제경제에서 환율은 국가들 간의 화폐와 자산의 흐름 및 경제, 정치, 사회, 문화 등 모든 것을 반영하고 있다. 따라서 환율은 세계경제의 흐름을 읽는 지표의 역할을 한다. 변동환율제도에서는 외환시장에서의 수요와 공급에 의해 환율이 결정되고 변동되는데 사람들이 환율 움직임을 정확하게 이해하고 예측 가능하다면 환위험을 줄일 수 있고 투자 수익을 올릴 수 있으며 교역량도 높일 수가 있을 것이다. 특히, 재무 관리자는 환율 변동의 추세 및 영향을 주는 요인을 이해하고 외환·통화 거래를 모니터링 해야 한다. 정부도 환율 변동을 예견한다면 환율의 영향 및 물가 안정, 금융시장 안정, 경상수지 개선, 경제성장 등을 달성하기 위한 정책집행을 효과적으로 수행할 수 있을 것이다.

본고의 주목적은 글로벌 가치사슬이 확대되는 가운데 환율의 이해와 예측을 통해 미래에 대한 확실한 방향성을 제시하여 현재의 어려운 상황을 극복하고 미래의 불확실성을 완화시키는 능력을 제고하는 것이다. 환율의 장·단기적 결정요인을 비롯해 환율 변동의 경로와 방향 및 시기와 강도 등을 체계적으로 이해하고 그 움직임을 예측할 수 있는 전문지식을 제공하며 나아가 외환 거래 및 환율의 경제적 영향을 분석하는 핵심 베이스의 역할을 할 것이다.

Always Thanks the God!

저자

CONTENTS

환율의 이해

1.1 환율 결정

 학습목표

- 외환시장과 국제통화
- 외환의 수요와 공급
- 환율의 결정과 변동

환율이란 국가 간 화폐의 교환 비율을 말한다. 환율의 표시방법은 자국 통화 표시환율 (미국식 표기법)과 외국 통화 표시환율(유럽식 표기법)로 나뉘는데, 자국 통화 표시환율 은 외국 통화 1단위에 대한 자국 통화의 지급액으로 나타내어 1달러화 = 1,000원이나 1,000원/1달러로 표시하고, 외국 통화 표시환율은 자국 통화 1단위에 대한 외국 통화의 수취액으로 나타내어 1원 = 0.001달러나 0.001달러/1원으로 표시한다.

그런데 미국 달러화를 가지면 각국의 모든 상품들을 구입할 수 있으며 세계금융시 장의 60% 정도가 달러화인 만큼 달러화 환율은 기준 환율이 되며 달러화의 수량과 가치 의 변화에 따라 세계 각국의 통화가 영향을 받게 된다. 한국에서는 원-달러화의 외환 거 래량이 대다수를 차지하므로 원-달러화 환율이 매우 중요하다. 유로존 국가들은 수출입 결제통화로 유로화 60%와 달러화 30% 정도를 사용하는 반면 아시아 태평양 국가들은 달러화를 약 70% 사용하고 있다.

최근 미국 달러화에 대한 의존 관계를 낮추려는 나라가 늘어났다. 중국은 달러화 대신 자국의 위안화로 원유 선물거래를 시작했다. 러시아는 보유한 자산의 다각화 차원 에서 금 보유를 늘리고 있고, 베네수엘라는 가상화폐인 페트로를 도입했으며, 이란은 외환회계처리에서 유로화로 달러화를 대체하였다. 미국의 금융제재 및 자국 우선주의 등 세계경제의 불확실성이 커지면서 자국 통화의 국제화 추진 노력과 함께 달러화의 대 안을 창출하려는 이러한 움직임이 더욱 확산될 수 있다. 그러나 달러화의 기축통화 지위는 여전히 지배력을 가지고 있다. 한때 유로화가 달러화의 패권 지위를 위협했지만 재정 위기로 인해 퇴색한 상태이다.

환율은 한 나라 통화와 다른 나라 통화 간의 상대적 가치를 반영하여 결정된다. 그러나 환율은 시장가격 결정원리에 따라 외환시장의 수요와 공급에 의해 시시각각 결정된다. 환율은 외환 거래 시장에서 수요와 공급에 따라 쉽게 결정될 수 있지만 통화의 상대적 실제 가치를 측정하는 것은 어렵다. 대체로 한 나라의 통화 가치가 단기적으로는 유동적인 시장에서 여러 요인들에 의해 결정되는 반면 장기적인 통화 가치는 국가경제의 잠재적 힘에 따라 결정된다고 말한다.

자산시장에서 각국의 통화를 사고 파는 경우에는 기초가치분석 등을 활용해 두 통화의 상대적 가치를 측정한 후 이 내재가치와 시장 환율을 비교해보아야 한다. 한 나라 통화의 내재가치보다 상대 가격(환율)이 작으면 통화가 저평가된 만큼 선호되겠지만, 한 통화의 가격(환율)이 내재가치보다 크다면 그 통화는 고평가된 상태이며, 가격이 내재가치와 같다면 그 통화나 환율은 정당하게 평가된 것이다.

지금부터는 이와 관련된 외환시장과 국제통화에 대한 주요한 기초지식을 들려다보려고 한다. 이 장에서는 주로 외환시장의 질서 및 환율 결정과 변동의 원리에 대해 검토할 것이다.

1.1.1 외환시장과 국제통화

외환시장은 외환의 수요와 공급이 연결되는 추상적인 작동기구이다. 물리적 장소가 아니라 전화나 컴퓨터 스크린을 통해 거래되는 전자적 거래 메커니즘이다. 외환은 외국화폐(외화)를 포함해 외화가치를 지닌 수표, 어음, 예금, 채권 등의 일체를 말하는데, 외환시장은 엄청난 규모의 외환 거래가 수많은 이질적 시장 참가자 사이에 이루어지는 범세계적인 시장이다.

외환 거래는 국제통화를 중심으로 서로 다른 두 통화를 동시에 교환하는 행위를 말한다. 원-달러화를 거래한다는 것은 달러화를 매수하면 원화를 매도, 원화를 매수하면 달러화를 매도하는 것이다. 중앙은행, 수출입업자, 환위험헤저, 외화 자산 구매·판매자, 딜러와 브로커, 투자자와 투기자, 해외여행자 등이 거래한 일일평균액이 2013년 4월에 5.3조 달러에 달한다. 국제결제은행은 3년마다 외환시장 데이터를 발표하고 있다. 외환시장의 2016년도 일일거래량은 5조 1,000억 달러인데 약 90%가 달러화와 연결되었으며, 세계 중앙은행들이 보유한 외환보유고가 11조 4,200억 달러인데 달러화의 비중은 3분의 2 정도라고 발표했다.

오늘날 국제 간 결제통화로서 그 통용력을 널리 인정받는 국제통화로는 과거의 금 및 미국 달러화를 위시해 유로화, 파운드화 등을 들 수 있다. SWIFT의 2014년 12월 기준 국제결제통화의 비중에 따르면, 미국 달러화 44.6%, 유로화 28.3%, 영국 파운드화 7.9%, 일본 엔화 2.7%, 중국 위안화 2.2%, 캐나다 달러화 1.9%, 호주 달러화 1.8% 순이다.

국제화로서 자국 통화를 사용하여 국제거래를 수행하면 자국 통화의 관점에서는 환변동 위험이 제거되겠지만 외국 통화의 관점에서는 환위험이 여전히 존재한다. 이러한 이유 등으로 자국 통화와 여타 국제통화를 비교 예측하여 더 유리한 통화를 결제통화 및 보유통화로 사용하는 것이 바람직해 보인다. 국제통화의 기능을 정부와 민간 경제활동주체의 측면에서 정리해보면 〈표 1-1〉과 같다.

〈표 1-1〉 국제통화의 기능

화폐의 기능	정부	민간
가치 저장	국제준비자산 보유 (외환보유고)	통화대체 (민간 달러라이제이션)
교환 매개수단	외환시장 개입을 위한 기축통화	국제무역과 금융거래의 결제통화
회계 단위	지역통화 패그의 기반	국제무역과 금융거래의 액수 명기

참고로, 〈표 1-2〉는 외환시장의 현황 및 특징을 거래 규모, 거래 상대방별 거래 규모, 통화별 거래비중, 국가별 거래비중, 한국시장의 거래 규모로 요약해서 나타내고 있다.

〈표 1-2〉 외환시장의 구조와 현황

• 세계 외환시장의 거래방법별 거래 규모 변화

거래방법	2001년	2004년	2007년	2010년	2013년	2016년
현물환	386	631	1,005	1,489	2,047	1,652 (32.6%)
선물환	130	209	362	475	679	700 (13.8%)
외환스왑	656	954	1,714	1,759	2,240	2,378 (46.9%)
통화스왑	7	21	31	43	54	82 (1.6%)
통화옵션 등	60	119	212	207	337	254 (5.0%)
합계	1,239	1,934	3,324	3,973	5,357	5,067 (100%)

자료원: BIS, 단위: 10억 미국달러, 4월 기준, 하루 평균 거래액

• 세계 외환시장의 거래 상대방별 거래 규모

	대 은행	대 기타금융기관	
거래액	2.07	2.809	0.465
거래비중	38.7%	52.6%	8.7%

자료원: BIS, 단위: 조 달러, 2013년 4월 기준, 하루 평균 거래액

	달러화	유로화	엔화	파운드화	위안화	원화
2013년	87.0%	33.4%	23.0%	11.8%	2.2%	1.2%
2016년 (순위)	87.6% (1)	31.4% (2)	21.6% (3)	12.8% (4)	4.0% (8)	1.7% (15)

자료원: BIS, 단위: 조 달러, 2013년 4월 기준, 하루 평균 거래액

지표(비중)		달러화	유로화	엔화	위안화
결제통화	무역결제	40%	32%	2%	1.6%
	외환 거래	44%	17%	12%	1.1%
투자통화	국제채권발행	36%	44%	3%	0.3%
준비통화	외환보유액	62%	24%	4%	0.2%

자료원: BIS, 2013년 & 2014년 기준

• 세계 외환시장의 국가별 거래비중

	영국	미국	싱가포르	일본	홍콩	한국
2013년	40.9%	18.9%	5.7%	5.6%	4.1%	0.7%
2016년	36.9%	19.5%	7.9%	6.1%	6.7%	0.7%

자료원: BIS, 단위: 총 거래액 대비 100% 기준, 4월 기준, 하루 평균 거래비중

• 한국 외환시장의 거래 규모

	현물환	선물환	외환스왑	통화스왑	통화옵션 등
거래액	198.48	73.2	190.15	7.83	5.54
거래비중	41.8%	15.4%	40.0%	1.6%	1.2%

자료원: BIS, 단위: 억 달러, 2013년 4월 기준, 하루 평균 거래액

그런데 외환시장에서 환율은 외환의 가격으로서 외환의 수요와 공급에 의해 결정된다. 외환의 수요와 공급의 기능에 의해 외환시장에서 환율이 결정되고, 환율이 외환의 수요와 공급을 조정해주어서 거래량이 결정된다. 외환시장은 글로벌 완전경쟁시장에 근접한 시장질서를 가지고 있기 때문에 '보이지 않는 손'처럼 자원을 효율적으로 배분해준다. 즉, 저축이 투자와 잘 연결되도록 국내외 자금의 원활한 흐름을 촉진해주는 금융시장의 역할을 다하게 된다.

외환시장에서는 대부분의 환율이 가격질서로 시장균형을 향해 움직이므로 외환의

초과 수요 또는 초과 공급은 일시적인 현상에 그치고 균형으로 되돌아오는 안정성을 갖는다고 볼 수 있다. 따라서 자유변동환율제도하에서 정부가 원칙적으로는 환율 조작이나 외환시장에 간여하지 않는다.

그러나 외환시장에서 효율적 자원 배분의 실패, 외환의 극심한 결핍 위기, 환율의 급등락 쏠림현상 등이 발생하는 경우 경제안정을 위해 정부가 개입하는 질서가 필요할 것이다. 그리고 외환시장의 투명성을 제고하고자 정부의 시장 개입을 제한 및 시장 개입의 내력 공개를 강조하고 있다. 최근에 미국재무부는 환율보고서를 통해 한국정부의 외환시장 개입 내력을 공개할 것을 권고했고 당국은 개입 내역 공개방침을 발표했다.

외환시장의 구조는 은행들이 서로 외환을 사고파는 은행 간 시장과 은행이 고객과 외환을 매매하는 대고객시장으로 구분할 수 있다. 은행 간 시장은 외환시장의 중심이 되는 일종의 도매시장으로 국내자금시장과 국제금융시장을 연결해준다. 더 중요한 점은 환율이 은행 간 시장에서 결정된다는 것이다.

결국, 국제수지의 사후적 결과 및 투자자의 사전적 외화 자산 구성결정의 변화가 대고객거래를 통해 은행으로 모여서 은행의 외환유동성이나 외환 포지션을 변동시키면서 은행 간 시장에서 환율이 결정된다. 예를 들어, 경상수지나 국제수지의 흑자(외환의 순공급)는 대고객거래를 통해 은행으로 모여서 은행의 외환유동성 개선이나 외환 포지션 확대로 은행 간 시장에서 외환 공급을 발생시킴에 따라 환율이 하락하게 된다. 반대로 경상수지나 국제수지의 적자 경우 외환 수요를 증가시켜 환율이 상승하게 된다.

1.1.2 외환의 수요와 공급

환율은 외환의 수요와 공급에 의해 결정된다. 환율은 각 통화에 대한 국제수요와 국제공급에 의해 영향을 받는다. 또, 환율은 외환의 수요와 공급의 상대적 크기에 따라 변동된다. 환율은 이국 통화 간의 매매가 이루어지는 외환시장에서 결정되는 가격이기 때문이다.

환율은 매입률과 매도율 방식으로 견적을 내거나 고시된다. 은행 입장에서 매입률이란 외환을 구매하는 경우에 적용되는 환율이고, 매도율은 외환을 판매할 때 적용받는 환율이다. 환율의 매입률과 매도율의 격차인 스프레드가 은행의 영업비용을 반영하는 큰 수입이 되며 고객에게는 거래비용이다. 환율 매입-매도 스프레드 형태의 거래비용이 외국인 단기투자의 수익에는 큰 영향을 미치기 때문에 중요하다.

외환 거래에서 환율의 최저변동가격을 pip이라고 부르는데 국제통화(메이저 통화)의 스프레드는 3~5pips 정도이지만 거래량이 낮은 마이너통화의 스프레드는 10pips가 넘는 경우가 많다. 국제적 유동성이 낮은 소국 통화를 거래하려면 주문을 내고 성사시키는 거래비용이 더 많이 소요되기 때문이다.

환율 가운데 보통 USD/GBP는 5pips, JPY/USD는 3pips 등이다. 그리고 미국 달러화 대비 유로화, 파운드화, 스위스 프랑화 등의 경우 1pip = 0.0001이지만 달러화 대비 엔화는 1pip = 0.01이다. 예를 들어, USD/GBP의 1파운드당 매입률이 1.6343이고 매도율이 1.6348이라면 스프레드는 0.0005가 된다. 은행이 외화를 사고파는 건별로 0.0005를 부과하고 시장 조성자 은행이 하루에 1.2조 달러를 거래한다면 은행은 매일 6억 달러의 수입을 얻는다. 이러한 은행 수입 중 일부는 영업비용과 거래비용으로 쓰인다.

그런데 외환시장에서 수요와 공급의 결정은 경상수지나 국제수지의 결과 및 외화 자산의 구성에 따라 이루어진다. 외환에 대한 수요와 공급은 일정 기간 동안의 대외경제 활동에 따른 경상수지나 국제수지의 상태 및 일정한 시점에서 시장 참가자들의 외화 자산의 구성결과에 따라 결정될 것이다.

〈표 1-3〉 외환시장의 수요와 공급

외환의 수요	외환의 공급
수입 (상품과 서비스, 최종재와 중간재)	수출 (상품과 서비스, 최종재와 중간재)
자본 유출 (해외대부, 해외증권투자, 해외 직접투자)	자본 유입 (해외차입, 외국인증권투자, 외국인직접투자)
대외준비자산 증가 (외환보유고)	대외준비자산 감소 (외환보유고)

　　한 나라의 외환 공급은 외국인 관광객의 국내 지출, 수출로 인한 외화 수취, 외국인의 국내 투자 유치, 해외투자로부터 발생한 소득 수취 등의 경우에 발생한다. 반면 외환 수요는 해외여행을 위한 환전과 현지 방문 지출, 수입으로 인한 외화 지급, 해외에 투자, 외국인의 국내 투자로부터 발생한 소득이전 등의 경우에 발생한다. 이와 관련 상업은행은 거주자들의 해외 거래 과정에서 발생하는 외환의 수요와 공급에 대한 청산소의 역할을 수행한다.

　　다시, 한 나라의 경상거래 측면에서 외환의 공급과 수요를 살펴보자. 한 나라에서 생산된 상품과 서비스 혹은 최종재와 중간재를 외국에 수출하면 수출대금으로 받은 외환의 공급이 발생할 것이다. 반면 외국에서 생산한 물품을 수입한다면 수입대금으로 지급할 외환 수요가 발생한다.

　　일정 기간 동안의 수출에서 수입을 공제한 순수출이 양수(무역수지나 경상수지의 흑자)이면 외환 공급이 외환 수요보다 많아져 환율이 하락한다. 반대로 순수출이 음수(경상수지 적자)라면 외환 공급이 외환 수요보다 적어서 환율이 상승할 것이다.

　　다음, 자본거래나 자본 유출입 측면에서 외환의 공급과 수요를 살펴보자. 해외 차입, 외국인 증권투자(포트폴리오 투자), 외국인 직접투자(해외 직접투자)를 통해 외국 자본이 국내로 유입된다면 외환시장에서 외환 공급이 발생한다. 반대로 해외대부, 해외 증권투자(포트폴리오 투자), 해외 직접투자를 통해 자본이 외국으로 유출되면 외환 수요가 발생된다. 참고로 신고전학파는 단기적인 증권의 포트폴리오 투자를 인수합병과 그린필드가 포함된 장기적인 해외 직접투자와 구분하지는 않았다.

한 나라의 자본수지가 흑자이거나 순자본 유출(= 자본 유출 − 자본 유입)이 음수이면 외환 공급이 외환 수요보다 많아져 환율이 하락한다. 반대로 자본수지가 적자이거나 순자본 유출이 양수이면 외환 공급이 외환 수요보다 적어져 환율이 상승하게 된다.

대외준비자산의 증감은 중앙은행이 보유한 공적 대외준비자산의 축적(외환보유고)의 크기에 영향을 준다. 경상수지와 자본수지의 흑자는 대외준비자산을 증가시키고 외환보유고를 확대시켜준다. 반면에 경상수지와 자본수지의 적자는 외환보유고의 축소로 이어진다.

통화당국의 외환보유고 관리가 외환의 수요와 공급에 영향을 미친다. 만약에 통화당국이 시중에 부족한 외화 유동성을 늘리기 위해 외환보유액을 감소시켜 충당해주면 외환 공급이 증가하게 된다. 이때 환율은 하락할 것이다. 반대로 외환보유액을 증가시키면 외환 수요가 증가하여 환율은 상승할 것이다.

이에 따라, 환율은 무엇보다도 외환시장의 수요와 공급에 따라 결정되어 수요와 공급에 변화가 생기면 환율이 변동된다. 다른 여건이 일정할 때, 외환에 대한 수요의 증가와 공급의 감소는 환율을 상승시키지만 외환에 대한 수요의 감소와 공급의 증가는 환율을 하락시킨다.

첫째, 〈외환시장질서〉
외환 수요 = 외환 공급(시장균형) ⇒ 균형 환율
외환 수요 > 외환 공급(초과 수요) ⇒ 환율 상승
외환 수요 < 외환 공급(초과 공급) ⇒ 환율 하락

외환의 수요와 공급에 영향을 미쳐서 환율을 변동시키는 다양한 요인들에 대한 자세한 설명은 다음 장에서 계속될 것이다. 외환시장에는 환율의 상승과 하락 요인들이 혼재되어 있고, 장기적 요인과 단기적인 요인도 얽혀 있으며, 환율은 예상하지 못한 충격에 영향을 받기도 한다. 또, 특정 요인이 환율에 미치는 영향은 나라마다 시기별로 그 영향이 달라지기도 한다.

　　따라서 환율 변동을 정확하게 이해하고 예측하기 위해서는 다양한 변동 요인들이 종합적으로 시간대별로 영향을 미쳐서 환율이 결정 및 변화된다는 사실을 꼭 인지해야 한다.

summary

1.1.3 환율의 결정과 변동

외환의 가격인 환율은 국제통화 위주의 외환시장에서 결정된다. 국제통화로 인정받고 있는 것은 현대의 기축통화 역할을 다하는 미국 달러화를 비롯해 영국 파운드화, 유럽 유로화, 일본 엔화 등이다. 한국의 경우 원-달러화 환율이 대표적인데 서울 외환시장에서 원화와 미국 달러화 간의 매매가 일어나면서 원-달러화 환율이 결정된다.

실제 환율은 외환시장에서 외환의 수요와 공급이 일치하는 수준에서 결정된다. 환율을 종축에, 거래량은 횡축에 표시한 아래의 그래프상에서 외환의 수요곡선(D)과 공급곡선(S)이 교차하는 점에서 시장의 균형이 달성되고 그 균형점에서 균형의 환율과 외환 거래량이 결정된다. 이처럼 일정 기간 동안 발생한 외환의 크기로 환율의 결정 및 변동을 설명하는 것을 유량접근법이라고 한다.

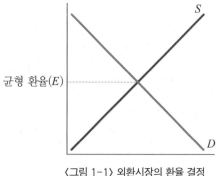

〈그림 1-1〉 외환시장의 환율 결정

가격 등 다른 모든 조건이 일정할 때, 환율이 상승하면 국내에서 외화표시 외국상품·서비스의 가격 상승으로 수입이 감소하므로 외환 수요가 감소하며 환차손의 우려로 자본 유출도 발생하므로 외환 수요가 감소한다. 외환 수요는 수입(상품 수입·서비스 수입)과 자본 유출(해외대부·해외 증권투자·해외 직접투자)로 나타남에 따라 환율이 상승하면 외환 수요가 감소한다. 반대로 환율이 하락하면 외환 수요가 증가한다. 이를 외환의 수요곡선으로 그려보면 우하향하는 형태이다.

이와 달리, 환율이 상승하면 외화표시 국내 수출품의 가격 하락으로 수출이 증가하므로 외환 공급이 증가하며 환차익을 노린 자본 유입도 발생하므로 외환 공급이 증가한다. 외환 공급은 수출(상품 수출·서비스 수출)과 자본 유입(해외 차입·외국인 증권투자·외국인 직접투자)으로 나타남에 따라 환율이 상승하면 외환 공급이 증가하게 된다. 반대로 환율이 하락하면 외환 공급은 감소한다. 따라서 외환 공급곡선은 우상향한다.

만약, 환율 상승으로 외화표시 수출 가격이 하락하는 경우에 수출량이 별로 증가하지 않으면 수출액이 감소할 수도 있다. 그러나 통상적으로 환율이 상승하면 수출 가격 하락에 따른 수출액 감소분보다 수출량 증가액이 더 크므로 수출액이 증가한다고 본다.

한국의 경우는 원-달러화 외환시장에서 달러화 표시 외환에 대한 수요와 공급이 일치할 때 환율이 결정된다(예, 원-달러 환율 = 1,200원). 이후 달러화 표시 외환에 대한 수요가 공급보다 크면 달러화 외환이 상대적으로 부족해져서 환율이 상승하고(예, 원-달러화 환율 = 1150원 → 1,200원), 공급이 수요보다 크면 환율이 하락한다(예, 원-달러화 환율 = 1240원 → 1,200원).

특히, 〈그림 1-1〉에서 환율이 일시적으로 시장균형 환율보다 높으면 외환의 초과 공급이 발생해 환율이 하락하고, 환율이 균형 수준보다 낮으면 초과 수요가 발생하므로 환율이 상승한다. 결국에는 균형 환율로 복귀하여 수렴하게 되므로 시장균형이 안정적이라고 말할 수 있다.

그런데 국내외 경제 여건의 변화에 의해 외환시장의 수급 및 시장균형이 변화됨에 따라 균형 환율이 변동된다. 대내외 경제상태나 시장상황에 의해 외환시장의 수요와 공급이 각각 변화해감에 따라 새로운 균형 환율이 시시각각 결정된다.

〈그림 1-2〉에서, 다른 조건이 일정할 때 외환의 수요가 증가한다면 외환 수요곡선이 우측으로 이동하여 새로운 균형에서 환율이 상승한다(E'). 외환의 수요가 감소하면 외환 수요곡선이 좌측으로 이동한 새로운 균형에서 환율이 하락한다(E'').

반대로 다른 조건이 일정할 때 외환의 공급이 증가(외환 공급곡선 우측 이동)하면 환율은 하락하고(E''), 외환의 공급이 감소(외환 공급곡선 좌측 이동)하면 균형 환율은 상승한다(E').

그리고 외환의 수요와 공급이 동시에 동일한 방향으로 변동하는 경우는 그 힘의 크기에 따라 환율이 상승하거나 하락할 것이다. 외환시장에서 새로운 균형을 향해 수요와 공급이 변동하거나 수요곡선과 공급곡선이 이동하는 정도 및 속도는 이에 영향을 미치는 국내외 경제 여건의 변화에 따라 달라질 것이다.

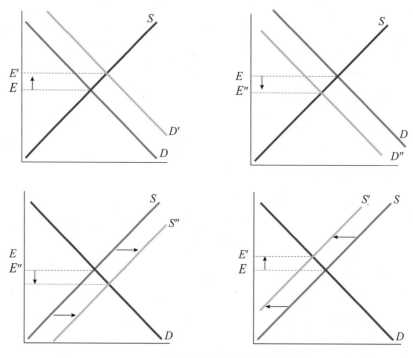

〈그림 1-2〉 외환시장의 환율 변화

한 나라의 외환에 대한 수요와 공급의 힘(수요곡선과 공급곡선)은 시간이 경과함에 따라 변화되어 환율이 변동하게 된다. 그런데 환율의 변동 방향이 중요할뿐더러 변동성도 중요한데, 환율의 빈번하고도 급격한 변동 때문에 외환을 주고받을 경제주체는 환율 변동위험에 처하게 된다. 환율의 급격한 절상과 변동성은 수출 및 기업의 채산성을 악화시키고 금융시장의 안정성을 저해할 수 있다.

환율의 변동성이란 환율 변동의 방향과 상관없이 일정 기간 동안의 환율 변동의 크기로서 환율의 변동 폭이나 급변성을 의미한다. 환율 변동성의 지나친 증가는 금융위기처럼 위험 회피적 사람들의 거래심리를 위축시켜 외환 거래량이 감소한다. 그러나 환율 변동성의 적당한 증가는, 외환 거래를 통한 환차익 기회를 더 많이 제공하고, 환위험 헤징거래도 늘어나며, 이에 대처한 은행의 외환 포지션 조정거래가 증가하기 때문에 외환 거래량이 증가한다.

환율의 변동성과 외환 거래량의 관계를 주요 경로별로 요약해보면 아래와 같다.

첫째, 〈불안정 외환시장〉

환율 변동성의 과대 확대 ⇒ 거래심리 ↓ ⇒ 외환 거래량 ↓

환투기 증가 ⇒ 외환 거래량 ↑ ⇒ 일방적 환율 변동 기대 ↑ ⇒ 환율 변동성 ↑

둘째, 〈안정적 외환시장〉

환율 변동성 확대 ⇒ 환차익 수익률 ↑, 환위험 헤징 ↑, 외환 포지션 조정 ↑
⇒ 외환 거래량 ↑

외환 거래량 증가 ⇒ 초과이윤 ↓ (매입 · 매도 스프레드 ↓) ⇒ 환율 변동성 ↓

추가로 언급하면, 환율의 변동성이 커짐과 함께 외환 거래량은 세계 무역량보다 빠른 속도로 증가해왔다. 유로화의 등장으로 몇몇 지역은 환전할 필요가 사라졌고 은행 합병의 증가로 은행 간 외환 거래가 감소하기도 했지만, 유로커런시(통화발행국 이외의 지역에 예치된 은행예금) 시장 또는 역외 금융(단기 유로커런시, 중장기 유로채권) 시장의 괄목할 만한 성장 때문에 외환 거래량은 증가하고 있다. 그러나 유로커런시 시장의 급성장이 환율 및 금융시장의 불안정성을 초래할 수도 있다.

1.2   환율 변동과 경제적 효과

학습목표

- 환율 결정의 이론적 기초
- 외환 수급의 변화 요인
- 환율 변동의 경제적 효과

현실에서 경제는 균형 및 성장을 향해 계속 움직이는 유기체와 같다. 예를 들어, 물가가 상승하면 수출이 둔화되다가 환율이 오르고, 환율 상승은 또 수출을 증가시켜서 물가를 다시 밀어 올리는 일이 반복되기도 한다.

환율과 수출의 관계를 살펴보면, 일국의 수출은 글로벌 교역과 경기변동에 영향을 받지만 환율 변동에도 큰 영향을 받기 때문에 세계교역성장률의 상승과 글로벌 수요의 증가, 미국이나 중국 등 주요국의 호경기 및 환율 상승에 따라 수출은 증가한다. 환율이 상승하면 대외경쟁력이 향상되어 수출이 증가하지만, 수출이 증가하는 경우 외환시장에서 외환 공급이 증가하고 외환 수요가 감소하므로 환율은 다시 하락하게 된다.

최근 한국에서는 수출 증가와 경상수지 흑자, 금리 인상과 외국인 자본 유입 증가 등으로 인해 원화 가치가 상승함에 따라 미국 달러화를 싼값에 사 모으는 사람들이 늘어나고 있다. 그런데 달러화를 환전해서 현금으로 보관하는 경우 환전수수료를 지급해야 하고 분실의 위험이 있다. 그래서 달러화 예금이 증가하는바 외화예금은 일정 원리금까지 예금자 보호를 받을 수 있고 수시 입출금 방식은 금리가 낮지만 정기예금은 원화 정기예금만큼 금리를 받을 수 있다.

그 밖에도 외화투자가 증가하고 있다. 원화를 달러화로 환전한 후에 미국 주식을 구매하여 시세차익을 추구하거나, 한국거래소의 미국 달러선물지수 혹은 미국 달러선물지수 기반 달러선물 달러상장지수 펀드를 구매하면 환율이 상승할 때 수익을 얻는다.

하지만 지금처럼 환율이 하락할 때는 인버스 상품(달러선물 매각)이 수익을 얻는다.

이 절에서는 환율의 변화 원리와 환율의 경제적 영향을 이해하는 데 필요한 기초지식을 설명하고자 한다. 환율 결정의 이론적 기초, 외환 수급의 기본적 변화 요인 및 환율 변동의 경제적 효과에 대해 알아보려고 한다.

summary

1.2.1 환율 결정의 이론적 기초

환율 결정 이론은 거시적 접근과 미시적 접근으로 크게 나뉜다. 거시적 접근법은 환율의 결정과정을 개방 거시적 현상으로 파악해서 설명하려는 방법이다. 미시적 접근법은 거시적 접근법의 설명력을 보완하기 위해 외환시장의 구조 및 참가자들의 행태에 초점을 맞추어 환율 변화를 설명하려는 시도이다.

거시적 접근법은 유량 접근과 저량 접근으로 세분화된다. 유량접근법은 환율이 국제수지 균형에서 결정되고 국제수지가 흑자이면 외환의 초과 공급을, 국제수지가 적자이면 외환의 초과 수요를 유발한다는 것이다. 일정 기간 동안 발생한 외환의 수량 크기에 따라 환율 변동을 설명하려는 유량접근법에서는 향후 국제수지의 유량 크기에 대한 전망을 토대로 미래 환율을 예측한다. 반면 저량접근법은 환율이 일정 시점에서의 자산시장 균형에서 결정된다는 것이다. 관련 자산에 대한 수요와 공급에 따라 환율이 결정 및 변동되며, 이를 토대로 환율 예측을 하게 된다.

유량접근에 해당되는 환율 결정이론에는 탄력성 이론(케인스 모형)과 먼델-플레밍 이론(뉴케인지언 모형)이 대표적이라 할 수 있다. 탄력성 이론은 경상수지만을 고려해 국제수지의 균형 문제를 다루고 있지만 먼델-플레밍 이론은 경상수지와 자본수지를 모두 고려해서 국제수지의 균형 문제를 다루고 있다. 다음 장에서는 세부적으로 유량접근, 저량접근, 미시적 접근에 대한 환율이론을 논의할 것이다.

시작에서는 유량접근 등 환율 결정이론을 전반적으로 이해하기 위해 필요한 경상수지를 위시한 국제수지 결정이론에 대해 알아보려고 한다. 경상수지 결정 요인에 대한 이론은 탄력성 이론, 총지출 접근법, 시제 간 접근법 등이 있다.

먼저, 전통적으로 많이 쓰이는 탄력성 이론은 수출과 수입의 가격탄력성에 따라 경상수지가 결정된다는 부분균형 모형이다. 환율 변동이 경상수지에 미치는 영향을 분석할 때 간단하게 이용된다. 그런데 상품·서비스의 수출입의 결정 요인은 국내외 소득, 실질환율, 기호, 운송비 등이다.

한 나라의 무역수지 혹은 경상수지를 대표한 무역수지를 순수출의 함수로 간단히 표현하면 아래와 같다.

$$NX = X(Y^*, R) - M(Y, R)$$

여기서 NX = 순수출, X = 수출(함수), M = 수입(함수), Y = 국내 소득, Y^* = 외국소득, R = 실질환율.

수출은 해외소득과 실질환율과 정의 관계로 결정되고, 수입은 국내 소득과 정의 관계이고 실질환율과 부의 관계이다. 보통 해외 소득 수준이 높아지면 수출이 증가하여 무역수지가 개선되지만 국내 소득 수준이 높아지면 수입이 증가하여 무역수지가 악화된다.

또한 실질환율은 명목환율에 외국 물가와 국내 물가의 비율을 곱한 값인데 실질환율이 상승하면 국내 물건의 가격이 해외 물건에 비해 낮아진다는 의미이므로 수출이 증가하고 수입이 감소하여 무역수지가 개선된다. 실질환율이 하락하면 수출이 감소하고 수입은 증가하여 무역수지가 악화된다.

총지출 접근법은 경상수지가 총소득과 총지출의 차이에서 결정된다는 부분균형 모형이다. 한 나라의 총지출이 총소득보다 작으면 그 차이만큼 수출을 하므로 경상수지가 흑자를 보게 되고, 반대로 총지출이 총소득보다 크다면 차액만큼 수입을 하게 되므로 경상수지가 적자가 된다는 것이다. 그 이유는 경상수지에 생산물시장의 균형을 나타낸 국민소득 항등식을 적용해보면 경상수지가 총소득에서 총지출을 뺀 것이기 때문이다.

총지출 접근법에 따른 경상수지 혹은 무역수지는 아래와 같다.

$$NX = Y - A$$

여기서 NX = 경상수지(순수출), Y = 총소득(총생산), A = 총지출($A = C + I + G$), C = 소비, I = 투자, G = 정부 구매.

1980년대 이후 등장한 시제 간 접근법은 한 나라가 합리적으로 저축과 투자를 결정한 결과에 따라 경상수지가 결정된다는 부분균형 모형이다. 소비의 평활화와 같은 논리로서 한 나라의 미래 전망이 밝아서 현재 소비와 투자가 늘어나서 저축에 비해 투자가 크다면 경상수지가 적자로 나타나지만 반대로 미래에 불확실성이 커서 미래 소비인 저축을 투자에 비해 늘리면 경상수지의 흑자를 발생시킨다. 그 이유는 경상수지에 국민소득 항등식을 적용해보면 경상수지가 저축에서 투자를 뺀 것이기 때문이다.

시제 간 접근법에 따른 경상수지 혹은 무역수지는 아래와 같다.

$$NX = S = I$$

여기서 NX = 경상수지(순수출), S = (총)저축, I = 투자. 이 식은 개방경제의 균형식을 나타낸다.

상기 균형식을 국제대차거래라고 볼 수도 있는데 그 이유는 시제 간 접근법은 자본이동의 완전성과 채권만을 통한 국제금융거래를 가정하고서 $NX = NC$가 성립되기 때문이다. 여기서 NC = 순자본 유출.

저축에 비해 투자를 더 많이 하려면 해외에서 차입을 하게 되고 그래서 해외에 대부보다 해외에서의 차입이 많게 되면 경상수지가 적자가 된다. 반대로 저축이 투자보다 크면 해외 대부를 하게 되므로 경상수지가 흑자가 된다. 따라서 경상수지 적자에 대한 전통적인 견해는 부가가치(생산과 고용)의 저하와 효용수준의 감소를 뜻하지만 시제 간 접근법의 견해는 경상수지의 적자에서 해외로부터 차입한 자금으로 소비나 투자, 즉 내수를 잘하면 효용수준을 증가시킬 수 있다고 생각한다.

다음, 자본의 국제이동은 순자본 유출(= 자본 유출-자본 유입) 혹은 순해외투자(= 내국인의 해외자산구입액- 외국인의 국내 자산구입액)로 정의된다. 일반적으로 한 나라의 순자본 유출은 예금과 채권거래를 통한 대부와 차입, 증권(주식과 채권)거래를 통한 포트폴리오 분산 투자, 해외 직접투자의 형태로 이루어진다. 이에 따라 자본 유출입의 결정 요인은 이자율(수익률), 주식시장 전망, 자본 · 외환 거래 규제 등이다.

이를 간단한 순자본 유출 함수로 표현해보면 아래와 같다.

$$NC = f(i - i^*)$$

여기서 NC = 순자본 유출, i = 국내 (실질)이자율, i^* = 외국 (실질)이자율.

국내 이자율이 외국보다 상대적으로 높아지면 즉각 자본 유입이, 국내 이자율이 더 낮아지면 자본 유출이 발생한다. 그리고 순수출과 순자본 유출을 합하면 대외 균형의 조건을 얻을 수 있다. 대외 균형 조건식은 $NX = NC$이다. 대외 균형이란 대외 경제거래의 균형이 달성된 상태로서 국제수지의 균형을 가리킨다.

국제 자본 이동의 규모가 커짐에 따라 환율에 대한 자본수지의 영향을 경상수지와 함께 고려한 먼델-플레밍 접근법이 출현했다. 경상거래와 자본거래를 합한 국제수지의 흑자(외환유입 > 외환유출)는 외환시장으로의 외환의 순공급(외환 공급 > 외환 수요)을 의미한다. 반대로 국제수지의 적자(외환유입 < 외환유출)는 시장의 외환 순수요(외환 공급 < 외환 수요)를 의미한다.

그런데 국제수지표를 이용하여 환율 변동과 관련한 외환 공급의 규모를 측정하기 위해서는 경상수지 중에서 경상거래와 자본·금융계정 중에서 직접투자수지와 증권투자수지 등 자율적 거래의 결과만 고려해야 한다. 이러한 자율적 거래의 결과가 금융기관의 외화 자산과 외화 부채의 변동을 통해 사후적으로 나타나는 항목(보정적 거래)은 포함시키지 말아야 한다. 국제수지표에서는 자율적 거래와 보정적 거래를 모두 합하면 복식부기 원리를 따르는 작성 방식에 따라 국제수지는 항상 영이 된다.

1.2.2 외환 수급의 변화 요인

환율의 결정과 변화의 기본적인 메커니즘은, 전통적으로 물가 상승률과 이자율과 관련지어 분석하는 것 이외에 국제수지(수출입과 자본 유출입) 변동과 관련지어 분석하는 것이다. 환율 변동을 국가 간의 물가 상승률 차이와 이자율 격차 및 국제수지 변화에 따라 분석하는 것은 고전적인 분석방법이다.

고전적인 분석방법, 저축투자 관계 분석방법 등은 양국 사이의 기초경제 변수들과 환율의 관계에 대해 설명하는 기초경제 변수 접근 방법이다. 따라서 양국 간의 기초경제 변수 이외에 영향을 미치는 여타 요인들은 서술한 기초경제 여건에 의한 분석 방법론을 보완해주는 역할을 할 것으로 보인다.

외환의 수요와 공급에 영향을 미쳐 환율을 변동시키는 주요한 기초경제 변수들에 대해 검토해보면 아래와 같다. 이러한 기초경제 변수들은 서로 다른 시간대별로, 즉 장단기에 걸쳐 환율 변동에 영향을 미친다.

〈표 1-4〉 환율 변동의 기초 요인

환율의 상승	환율의 하락
경상수지 적자	경상수지 흑자
자본수지 적자	자본수지 흑자
통화량 증가	통화량 감소
물가 상승	물가 하락
금리 하락	금리 상승
경제성장률 하락	경제성장률 상승

다른 여건이 일정할 때 경상수지 흑자나 국제수지 흑자가 발생하면 외환 공급의 증가로 인해 환율이 하락하며, 경상수지나 국제수지의 흑자가 외국의 통화와 자산의 (보유 증가에 따른) 공급을 증가시켜 환율이 하락한다. 반대로 경상수지 적자나 국제수지 적자가 발생하면 외환 수요의 증가로 인해 환율이 상승하며, 경상수지나 국제수지의 적자가 외국의 통화와 자산의 (보유감소에 따른) 수요를 증가시켜 환율이 상승한다.

다른 조건이 일정할 때 한 나라에서 외국에 비해 이자율(수익률)이 상승하면 자본 유입이 증가하여 순자본 유출(순해외자산)의 감소로 외환 공급이 증가하고 외환 수요가 감소함에 따라 환율이 하락한다. 반대로 이자율이 하락하면 자본 유출이 늘어나서 외환 공급이 감소하고 외환 수요가 증가함에 따라 환율이 상승한다.

한 나라에서 통화량이 증가하면 물가가 상승하는데 이때 수출품 가격이 상승하고 수입품 가격은 하락함으로 수출은 감소하고 수입이 증가함에 따라 외환 공급이 감소하고 외환 수요는 증가하여 환율이 상승하게 된다. 반대로 통화량 감소의 경우 물가가 하락하여 대외 가격 경쟁력의 향상으로 인한 수출 증가와 수입 감소에 따라 외환 공급이 증가하고 외환 수요는 감소하여 환율이 하락하게 된다.

그리고 한 나라에서 경제성장률이 상승하면 실질소득과 생산량이 증가하여 대외 신뢰도가 높아져 국내 투자와 자본 유입이 증가함에 따라 외환 공급이 증가하고 외환 수요는 감소하여 환율이 하락한다. 반대로 경제성장률이 하락하면 대외 신뢰도가 낮아지게 되어 투자와 자본 유입이 감소함에 따라 외환 공급이 감소하고 외환 수요는 증가하여 환율이 상승하게 된다.

다시 정리해보면, 외환 수요, 즉 외환 순수요의 변화 요인으로는 수입과 자본 유출 및 이에 영향을 미치는 국민소득, 국내외 물가, 국내외 금리, 주식시장 전망 등을 들 수가 있다. 다른 모든 조건이 일정하다면 어떤 한 변화 요인이 외환 수요의 변화를 통해 환율 변동에 영향을 줄 수 있다.

외환의 순수요가 발생하면 외환 수요곡선이 우측으로 이동하여 새로운 균형에서 환율이 상승하게 된다. 경상수지나 국제수지의 적자, 통화량 증가, 외국 이자율 대비 이 자율 하락, 물가 상승(인플레이션), 소득 증가, 경제성장률 저하, 주가하락 전망 등이 발 생하면 외환 수요를 증가시켜 환율 상승이 야기될 것이다. 반대로 외환의 순수요가 감소 하면 외환 수요곡선이 좌측으로 이동하면서 환율이 하락한다.

주요 변화 요인에 의한 외환 수요의 증감에 따라 환율이 움직이는 동태적 경로와 그 방향을 요약하면 아래와 같다.

첫째, 〈국제수지〉

경상수지(무역수지) 적자 ⇒ 외환 수요↑ ⇒ 환율 상승

국제수지 적자 ⇒ 외환 수요↑ ⇒ 환율 상승

둘째, 〈통화량과 금리〉

통화 공급(통화량) > 통화 수요 ⇒ 외환 수요↑ ⇒ 환율 상승

이자율↓ ⇒ 자본 유출↑(국내 채권 수요 〈 해외 채권 수요) ⇒ 외환 수요↑ ⇒ 환율 상승

통화량↑ ⇒ 이자율↓ ⇒ 자본 유출↑ ⇒ 외환 수요↑ ⇒ 환율 상승

셋째, 〈물가와 인플레이션〉

국내 물가↑(수입품의 상대 가격↓) ⇒ 수입↑ ⇒ 외환 수요↑ ⇒ 환율 상승

해외물가↑(수입품의 상대 가격↑) ⇒ 수입↓ ⇒ 외환 수요↓ ⇒ 환율 하락

넷째, 〈경제성장〉

국내 소득↑ ⇒ 수입↑(수입 수요↑) ⇒ 외환 수요↑ ⇒ 환율 상승

경제성장률(실질소득)↓ ⇒ 대외 신뢰도↓ ⇒ 국내 투자↓(자본 유출)
⇒ 외환 수요↑ ⇒ 환율 상승

다섯, 〈금융〉

국내주가전망↓ ⇒ 외국인 주식투자↓ ⇒ 자본 유출↑ ⇒외환 수요↑ ⇒환율 상승

외환 공급, 즉 외환의 순공급의 변화 요인으로는 수출과 자본 유입 및 이에 영향을 미치는 해외 소득, 국내외 물가, 국내외 금리, 주식시장 전망 등을 들 수 있다. 다른 모든 조건이 고정된 경우 한 요인변수의 변화가 외환 공급의 변화를 통해 환율 변동을 야기할 수 있다.

외환의 순공급이 발생하면 외환 공급곡선이 우측으로 이동하여 새로운 균형에서 환율이 하락하게 된다. 경상수지나 국제수지의 흑자, 통화량 감소, 외국 이자율 대비 국내 이자율 상승, 물가 하락, 외국소득 증가, 경제성장률 상승, 주가상승 전망 등이 발생하면 외환 공급을 증가시켜 환율 하락이 야기될 것이다. 반대로 외환 순공급이 감소하면 외환 공급곡선이 좌측으로 이동하면서 환율이 상승한다.

　　외환 공급의 주요 변화 요인의 증감에 따른 환율 변동의 동태적 경로와 그 방향을 요약하면 아래와 같다.

첫째, 〈국제수지〉

경상수지(무역수지) 흑자 ⇒ 외환 공급↑ ⇒ 환율 하락

국제수지 흑자 ⇒ 외환 공급↑ ⇒ 환율 하락

둘째, 〈통화량과 금리〉

통화 공급(통화량) 〈 통화 수요 ⇒ 외환 공급↑ ⇒ 환율 하락

이자율↑ ⇒ 자본 유입↑ ⇒ 외환 공급↑ ⇒ 환율 하락

통화량↓ ⇒ 이자율↑ ⇒ 자본 유입↑ ⇒ 외환 공급↑ ⇒ 환율 하락

셋째, 〈물가와 인플레이션〉

국내 물가↓(수출품의 상대 가격↓) ⇒ 수출↑ ⇒ 외환 공급↑ ⇒ 환율 하락

해외물가↓(수출품의 상대 가격↑) ⇒ 수출↓ ⇒ 외환 공급↓ ⇒ 환율 상승

넷째, 〈경제성장〉

해외소득↑ ⇒ 수출↑(해외수입 수요↑) ⇒ 외환 공급↑ ⇒ 환율 하락

경제성장률(실질소득)↑ ⇒ 대외 신뢰도↑ ⇒ 국내 투자↑(자본 유입)
⇒ 외환 공급↑ ⇒ 환율 하락

다섯, 〈금융〉

국내주가전망↑ ⇒ 외국인 주식투자↑ ⇒ 자본 유입↑ ⇒외환 공급↑ ⇒환율 하락

　　예를 들어, 한 발표에 따르면, 2017년도 원-달러화 환율의 절상률(1월말 대비 11월말 절상률)과 변동성(전일 대비 변화율 절대평균값)이 각각 6.32%와 0.27%로 G20 주요국 통화의 평균적인 절상률 1.78%와 변동성 0.29%보다 더 높은 수준이다. 그 원인인 결정 요인을 검토해보면 아래와 같다.

　　하나, 한국과 미국의 경제성장률이 회복되는 가운데 2017년 3분기 한국과 미국의 경제성장률은 각각 3.8%와 2.3%를 달성했다. 장기적으로 국내 소득의 증가는 수요의

힘이 공급의 힘보다 커서 환율의 상승 요인이 된다.

둘, 세계 경기의 회복세가 지속되는 가운데 한국의 2017년 3분기에 수출 증가율(분기별 전년대비)은 24%를 달성했다. 경상수지의 흑자는 환율의 하락 요인이다.

셋, 한국은 자본수지 및 금융계정의 흑자가 지속적으로 늘어나는 가운데 2017년 3분기에 6십억 달러로 증가했다. 자본수지 및 금융계정의 흑자는 환율의 하락 요인이다.

넷, 한 나라의 통화량이 증가하거나 이자율이 감소하면 환율의 상승 요인이 된다. 그리고 중앙은행의 통화정책 방향에 의거 국내외 이자율 차이의 확대 및 미국 대비 한국 통화량의 상대비율 수준의 하락은 환율의 하락 압력으로 작용한다. 2017년 11월에 한국과 미국의 기준금리 차이는 0.25%로 낮아진 상황이다.

그 밖에 원-달러화 환율의 결정 요인을 점검하기 위해서 장단기 이자율 차이, 캐리 트레이드 요인, 차액결제선물환 거래 등을 확인해볼 필요가 있다.

추가로, 1998 ~ 2017년 기간을 분석한 결과, 한국 통화량 증가율이 1% 상승하면 원-달러화 환율 변화율은 0.23% 상승하였다. 반면에 한국과 미국 간의 단기이자율 차이가 1% 상승하면 원-달러화 환율 변화율은 1.34% 하락했고, 한국의 산업생산 증가율이 1% 상승하면 원-달러화 환율 변화율은 0.14% 하락했다.

summary

1.2.3 환율 변동의 경제적 효과

앞에서는 환율 변동에 영향을 주는 경제적 요인에 대해 살펴보았다. 지금부터는 환율 변동에 따른 기초거시경제 변수들의 움직임에 대해 잠시 들여다보려고 한다. 환율 변동의 경제적 효과에 대해 알아보겠다는 말이다.

한 나라에서 환율 상승이 경제에 미치는 영향은 크게 세 가지 부문으로 나누어 생각할 수 있다. 대내외 부문, 내수 부문, 기업 부문으로 나누어서 환율 상승이 경제에 미친 영향을 구분해 비교해보자.

먼저, 대외거래 부문에서 환율 상승이 발생한 경우 국내제품의 가격이 상대적으로 싸져 수출이 늘고 수입이 줄어들어 경상수지가 개선될 것이다. 환율 상승으로 수출 단가의 하락폭에 비해 수출 물량이 더 크게 증가하면서 수출에 긍정적 영향을 준다. 수출 가격변동에 따른 수출 물량의 조정은 기술적·구조적 제약으로 인해 시차를 두고 나타나는데 한국에서는 최근 조정기간이 단축되고 있어 1차년부터 나타나고 있다.

환율이 상승하면 순수출이 증가함에 따라 경상수지가 개선된다면 총수요가 증가하면서 경제성장에 긍정적으로 작용할 것이다.

첫째, 〈대외 부문〉
환율 상승(자국 통화 평가절하) ⇒ 수출 가격↓ ⇒ 수출↑, 수입↓
⇒ 경상수지 개선 ⇒ 총수요↑ ⇒ 경제성장률↑(소득 증가와 고용 개선)

〈대내 부문〉
환율 상승 ⇒ 수입 원자재 가격↑ ⇒ 물가↑
환율 상승 ⇒ 대외 부채기업 원금 상환 부담↑

그러나 환율 상승으로 인해 수입 원자재 가격 상승으로 물가 상승 및 기업의 원금 상환 부담이 가중됨에 따라 내수 부문과 기업의 수익성 부문에서는 환율 상승이 미치는 효과가 긍정적 요인과 부정적 요인이 섞여 있어서 서로 상쇄하고 남는 순증감 효과를 가늠하기가 쉽지 않다.

내수 부문에서는 환율 상승으로 자국 통화 표시 수입 가격이 상승함에 따라 소비재 가격이 높아지고 실질구매력이 감소해 소비 감소로 나타날 수 있다. 또한 환율 상승으로 인한 원자재 수입 가격의 상승과 생산비용의 증가로 제품의 가격 상승을 초래한다. 투자도 외화조달비용과 자본재 수입 비용 증가를 통해 기업의 수익성을 악화시킴으로써 투자 감소라는 부정적인 효과를 기대할 수 있다.

역으로 환율 상승으로 수출이 증가될 경우 투자 수요가 증가되고 기업의 영업이익 증가로 투자 여력 또한 늘어나게 된다. 기업 실적 증가는 근로자의 소득 증가를 통해 소비 증가 요인으로 작용한다. 이처럼 상반된 전자의 단기적 가격 효과와 후자의 중기적 소득 효과 중에서 어느 쪽이 더 큰가에 따라 환율 상승이 내수와 기업의 수익성에 미치는 영향은 달라진다.

둘째, 〈내수 부문〉
환율 상승 ⇒ (단기) 수입 가격↑ ⇒ 소비↓ ⇒ 총수요↓ ⇒ 경제성장률↓
환율 상승 ⇒ (중기) 소득↑ ⇒ 소비↑ ⇒ 총수요↑ ⇒ 경제성장률↑

셋째, 〈기업 부문〉
환율 상승 ⇒ (단기) 생산비용↑ ⇒ 투자↓ ⇒ 총수요↓ ⇒ 경제성장률↓
환율 상승 ⇒ (중기) 수출↑ ⇒ 투자↑ ⇒ 총수요↑ ⇒ 경제성장률↑

그러나 이러한 내수·기업 부문의 작용은 기업체들 별로 다르고 전체적으로도 환율 효과에 의한 매출액 상승효과에 압도될 것이다. 즉, 환율 상승에 따른 내수 감소에도 불구하고 순수출 증가로 경제성장률이 상승할 것이다. 지금까지 환율 상승이 순수출과 내수에 어떻게 영향을 미치고 그 결과 경제성장률에 어느 정도 영향을 주는지를 살펴보았다.

추가적으로, 환율 하락이 경제에 미치는 영향을 살펴본다면, 내수와 기업 수익성의 개선 여부는 불확실한데 내수의 증가에도 불구하고 순수출의 감소로 인해 경제성장률의 하락을 초래할 것이다.

넷째, 〈대외 부문〉
환율 하락(자국 통화 평가절상) ⇒ 수출 가격↑, 수입 가격↓ ⇒ 수출↓, 수입↑
⇒ 경상수지 악화 ⇒ 총수요↓ ⇒ 경제성장률↓(소득 감소와 고용 사정 둔화)

〈대내 부문〉
환율 하락 ⇒ (단기)수입 가격↓, 생산비용↓ ⇒ 내수(소비와 투자)↑
환율 하락 ⇒ 대외 부채기업 원금 상환 부담↓

참고로, 환율의 변동성이 경제에 미치는 영향을 요약해보면 아래와 같다.

다섯, 〈환율 변동성〉
환율 변동성 확대 ⇒ 투자↓(내수↓) ⇒ 잠재 성장력↓

환율 변동성 확대 ⇒ 수입↓ > 수출↓ ⇒ 무역수지 개선, 교역량↓

환율 변동성 확대 ⇒ 경제에 불확실성↑ ⇒ 기업 이윤 불확실성↑, 기회비용↑
⇒ 경제활동↓

이에 따라, 정책 당국이 불확실성을 완화시키기 위해 결제통화의 다변화, 환위험 관리 강화 등에 대한 정책적 노력이 요구된다. 일반적으로 GDP 대비 정부부채, 인플레이션(수입 물가지수), 통화량 증가의 변동성이 낮을수록 환율 변동성은 완화된다. 반면 단기외채 대비 외환보유액, 실질 GDP 증가율이 높을수록 환율 변동성은 완화된다. 그 밖에 원-달러화 환율의 변동성 확대는 비거주자 차액결제선물환 거래 규모 증가, 중국 금융시장의 불안과 상해지수의 변동성 확대, 달러화 가치 변동성의 증대, 글로벌 금융시장 변동성의 확대에 영향을 받는다.

1.3   환율의 변동 요인

 학습목표

- 환율 변동의 이론적 개요
- 경제발전과 장기 환율 변동
- 경기변동과 중기 환율 변동
- 미시적 구조와 단기 환율 변동

외환시장에서 균형 환율은 일정 기간 동안 외환에 대한 수요와 공급의 상대적 힘에 의해 결정된다. 이종 통화에 대한 수요와 공급의 변화 요인들이 동시에 발생하면 그 상대적인 힘의 유형별 작용에 따라 환율 변동의 경로와 방향 및 변동 폭이 결정될 것이다. 따라서 특정한 환율 수준은 수많은 장·단기적 변동 요인들의 영향을 시시각각 반영해서 결정된 시장 환율일 것이다.

환율을 정확하게 이해 및 예측하기 위해서는 시장에서 수많은 변동요인들이 종합적으로 시간대별로 영향을 미쳐서 환율이 결정되고 변화된다는 사실을 꼭 인지해야 한다.

환율 변동을 결정해주는 가장 기본적이고 직접적인 변수는 국제수지(외환의 순공급)이다. 국제수지의 상황에 따라 은행 간 시장에서 딜러의 외환 거래 행태가 상당히 영향을 받기 때문이다. 국제수지 가운데 경상수지는 국제경쟁력이 결정해주고 자본수지는 투자 수익률이 결정해준다. 국제경쟁력과 투자 수익률은 모두 성장 잠재력을 나타내준다.

그러나 주요 국가들의 통화 가치와 국제수지가 일관되게 움직이지 않는 경우가 시계열 경험적으로 보면 상당하다. 시계열 경험 분석의 결과, 주요국들의 통화 가치와 국제수지가 일관되게 움직이지 않는 이유는 국제수지와 은행 간 시장 외환 수급 간의 괴리 발생, 환율에 대한 국제수지의 단기적 영향의 불명확성, 달러화 가치의 독특한 변화 등이 존재하기 때문일 것이다.

　　〈그림 1-3〉-〈그림 1-5〉에서 제시된 최근 원-달러화 환율의 시계열 변화 및 기초 특성을 참조하시오. 그다음부터는 검토할 환율 결정 이론을 기초로 환율의 변동을 미리 시간대별로 파악하려고 한다. 특히, 환율의 변동 요인들을 장·단기적인 시간대별로 구분해서 요약해보고자 한다.

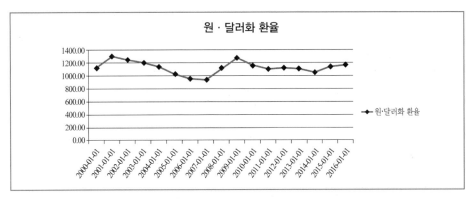

연도	원-달러화 환율		
2000-01-01	1130.90		
2001-01-01	1292.01	평균	표준편차
2002-01-01	1250.31	1124.53	99.41093316
2003-01-01	1192.08		
2004-01-01	1145.24	최댓값	최솟값
2005-01-01	1023.75	1292.01	928.97
2006-01-01	954.32		
2007-01-01	928.97		
2008-01-01	1098.71		
2009-01-01	1274.63		
2010-01-01	1155.74		
2011-01-01	1106.94		
2012-01-01	1126.16		
2013-01-01	1094.67		
2014-01-01	1052.29		
2015-01-01	1130.96		
2016-01-01	1159.34		

〈그림 1-3〉 원-달러화 환율의 시계열 변화(2000년대)

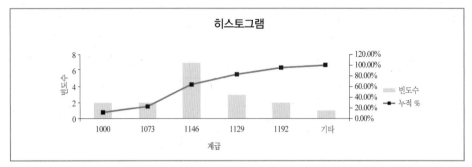

계급수 = 1 + 3.3log17 = 약 5

계급구간간격 = (최댓값 − 최솟값)/5 = (1292.01 − 928.97)/5 = 약 73

계급	빈도수	누적 %
~1000	2	11.76%
1001~1073	2	23.53%
1074~1146	7	64.71%
1147~1219	3	82.35%
1220~1292	2	94.12%
기타(1293~)	1	100.00%

체비세프 정리에 따른 관측치의 75% 범위 또는

경험법칙에 따른 종모양 확률분포에서 관측 값이 95% 범위:

925.71 ~ 1323.35

〈그림 1-4〉 원-달러화 환율의 히스토그램

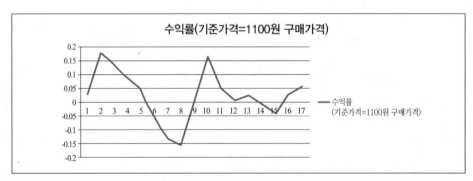

수익률 평균	수익률 위험	정규분포를 가정하면 종모양 분포에서 관측 값이 95% 범위
0.0223	0.0904	0.159 ~ 0.203

손실이 발생할 확률: $P(x < 0) = P\{Z < (0-0.0223)/0.09\} = P(Z < 0.248) = 0.59$

수익이 발생할 확률: $P(x > 0) = 0.41$

5% 이상 수익이 발생할 확률: $P(x > 0.05) = 1 - P\{Z < (0.05-0.0223)/0.09\} = 1 - P(Z < 0.308) = 1 - 0.9990 = 0.001$

〈그림 1-5〉 원-달러화 환율 수익률의 변화

1.3.1 환율 변동의 이론적 개요

이 절은 환율 변동의 장·단기적 요인을 정리하는 데 그 기준이 되는 환율 결정이론에 대한 전반적인 기본 모형을 순차적으로 들여다보려고 한다. 어떤 모형을 사용할 것인지는 연구 내용에 따라 달라질 것이다. 그리고 환율 모형의 세부적 내용 및 최신 환율접근법은 다음 장부터 설명할 것이다.

그런데 고전적 유량 모형은 경상거래와 자본 이동에 따른 경상수지와 자본수지에 의해 환율이 결정된다는 이론이다. 반면 펀더멘털 모형(기초경제 변수 모형)은 기초 거시경제 변수의 움직임에 의해 환율이 결정된다고 본다. 그리고 고전적 구매력 평가설은 두 국가 간의 물가 차이로 환율 변동을 설명하고, 현대적인 자산시장 모형은 국내외 통화 관련 자산에 대한 수요와 공급에 의해 환율 변동이 결정된다는 저량 모형이다.

첫째, 무역접근법은 환율 결정에서 국제무역의 역할을 강조하는 고전적 이론이다. 탄력성 접근법과 먼델-플레밍 접근법이 이에 속한다.

탄력성 접근법에서는 경상거래의 사후적 결과에 따라 환율이 결정 및 변동된다. 만일 수출액과 수입액이 같으면 균형이고, 수출액이 수입액보다 커서 경상수지가 흑자이면 환율이 하락하며, 수출액이 수입액보다 작아 경상수지가 적자이면 환율이 상승한다고 본다.

먼델-플레밍 접근법은 경상거래와 자본거래를 합한 국제수지의 사후적 결과에 따라 환율이 결정된다. 국제수지가 흑자라면 환율이 하락하며, 국제수지가 적자이면 환율이 상승한다고 본다.

둘째, 구매력 평가설은 일물일가의 법칙을 가정하고서 환율이 각국 화폐의 구매력(= 1/물가)의 차이를 반영해서 결정된다는 이론이다. 환율의 장기적인 움직임을 국제시장의 평가관계로 설명하는 고전적 이론이다.

빅맥지수를 실례로 들면, 빅맥 햄버거가 미국에서 5달러이고 한국에서 5,000원에 판매될 때 구매력 평가설의 성립을 가정한 빅맥지수로 만든 원-달러화 환율은 1,000원이 된다. 구매력 평가설은 환율 결정에서 경상거래(재화와 서비스 거래)가 중요한 역할을 한다고 보며, 구매력 평가설의 성립은 세계 생산물시장의 균형을 의미한다.

셋째, 이자율 평가설은 이자율(수익률)의 변화에 따른 자본의 유입과 유출에 따라 환율이 결정된다는 이론이다. 환율의 단기적 움직임을 국제시장의 평가관계로 설명하는 데 적합하다.

국내 이자율이 해외 이자율보다 상대적으로 크면 외환자본 유입이 발생하여 환율이 하락하고, 국내 이자율이 해외 이자율보다 낮으면 자본 유출이 발생하여 환율이 상승한다. 이자율 평가설은 환율 결정에서 국제자본의 수익률 차이에 따른 이동의 결과가 중요하다고 보는 견해이다.

넷째, 현대적 환율 결정이론은 외환(외화표시 현금과 예금)을 수출입거래에 수반한 결제 수단으로 보기보다는 수익을 창출해주는 외화표시 자산으로 보는 이론이다. 신축적 통화주의 모형, 경직적 통화주의 모형 등이 이에 속한다.

신축적 통화주의 모형은 환율이 통화량과 정비례 관계로 움직인다고 보는 장기적 견해이다. 만약 통화량이 5% 증가하면 물가와 임금도 각각 5%씩 상승하여 산출량과 고용에는 영향을 미치지 못하고 환율도 5% 상승하게 된다.

반면 경직적 통화주의 모형(과잉반응 모형)은 가격의 경직성과 자본 이동의 완전성을 가정해서 국가 간의 이자율 차이가 발생할 경우 자본 이동이 즉각 발생하여 이자율 평가 조건이 성립된다는 단기적 견해이다. 만약 통화량이 5% 증가한다면 국내 자산의 수익률의 하락으로 자본 유출이 급히 발생하여 환율이 일시적으로 5% 이상으로 상승한 이후 점차 5% 수준으로 회복된다.

개인적으로, 저자는 환율의 장·단기적 변동에 대해 첫째, 중기적 환율 변동은 국제수지의 사후적 결과 변화 및 투자가의 사전적 자산 구성 결정 반응에 기초해서 결정되고, 둘째, 장기적 환율 변동은 국제수지 변화와 자산 구성 조정 과정에 영향을 주는 기초경제 변수 변화로 인해 발생되며, 셋째, 단기적인 환율 변동은 국제수지 변화와 자산 구성 조정 과정에 따른 외환시장 참가자의 기대 및 거래 행태에 의해 결정된다고 생각한다.

다음 장의 환율 결정 이론에서는 장단기 환율 변동에 관한 다양한 모형을 소개할 것이다. 이를 통해 환율의 결정 및 변동을 자세히 설명할 것이다. 이번 장은 예비 단계로서 장단기 환율 변동을 간단히 소개하고 있다.

summary

1.3.2 경제발전과 장기 환율 변동

환율의 장기적인 변동 요인에는 물가, 교역조건, 생산성과 경제성장률, 경제구조 등이 있다. 이와 같이 경제발전과 관련된 장기적 거시경제 변수가 변화된다면 긴 시간을 걸친 경제적 조정 과정을 통해 환율이 변동한다고 보는 것이다.

한 나라에서 국내 물가가 상승하면 환율이 변하지 않아도 수출품의 가격은 상대적으로 비싸지고 수입품의 가격이 국산품에 비해 싸지게 된다. 다른 조건이 변하지 않는 한 물가가 상승하면 수출은 감소하고 수입은 증가하여 경상수지가 악화된다. 수출의 감소는 외환 공급의 감소를, 수입의 증가는 외환 수요의 증가를 의미하므로 환율은 상승한다.

그런데 교역조건은 한 나라의 재화와 외국 재화의 교환 비율을 말한다. 수출 상품 1단위와 교환해서 얻어지는 수입 상품의 단위 수를 말한다. 이 교환 비율이 수출국에 유리할 경우 수출국의 교역조건이 개선되었다고 하며 그 반대의 경우 수출국 교역조건의 악화라고 한다. 교역조건을 산정하는 목적은 무역에서 얻는 이익을 측정하는 것이지만 무역 이익의 증감과는 별개의 문제이다. 예를 들어, 신기술 개발로 원가가 절감되어 수출품 가격이 하락되면 상품의 교역조건은 악화되지만 가격 경쟁력의 향상으로 인해 수출량이 증가하면서 무역 이익은 증가한다.

경제구조 측면에서는 재정수지 적자가 지속되면 정부 재정이 악화되어 국가 채무가 증가하게 된다. 재정수지 악화 및 국가 부채 확대는 국가 신뢰도를 하락시켜서 자본 유입이 감소하게 됨으로 자국 통화의 가치가 하락하게 된다. 2008년 금융위기 이후 일부 남유럽 국가의 재정위기가 유로화 약세를 초래하였다.

일국 외채 규모가 경제 규모에 비해 크다면 외채 상환 능력에 대한 불신을 초래해 국가 신뢰도가 떨어지며 더 나아가 외환위기의 원인이 되기도 한다. 따라서 각국은 대외 지급 수요를 대비해서 외환보유액을 축적해놓고 있다. 2000년대 멕시코, 칠레 등은 만성적인 경상수지 적자를 보존하기 위한 자본 유입의 증가로 인해 외국 채무가 지속적으로 증가하였고 그 결과 환율이 상승하였다.

또한, 통화 공급을 증가시키는 경우, 장기간 동안 생산물 수요의 증가에 따라 통화량에 대해 물가가 신속히 반응한다면 국내 화폐 수요의 감소를 통해 환율이 상승하거나 구매력 평가설이 성립한다면 국내 물가 상승을 통해 곧바로 환율이 상승하게 될 것이다.

　　경제발전과 관련된 장기적인 변동 요인이 환율에 미치는 주요 파급 경로 및 환율 변동 방향에 대해 요약해보면 다음과 같다. 보다 자세한 이론적 설명은 제2장에서 이루어진다.

첫째, 〈국내 물가〉
　　물가↑ ⇒ 수출↓, 수입↑ ⇒ 외환 공급↓, 외환 수요↑ ⇒ 환율 상승
　　물가↓ ⇒ 수출↑, 수입↓ ⇒ 외환 공급↑, 외환 수요↓ ⇒ 환율 하락

둘째, 〈교역조건(국내외 상대 가격)〉
　　교역조건 개선 ⇒ (수출 단가 상승으로) 수출↑ ⇒외환 공급↑ ⇒환율 하락
　　교역조건 악화 ⇒ 수출↓ ⇒ 외환 공급↓ ⇒ 환율 상승

셋째, 〈기술 진보〉
　　생산성 향상 ⇒ 경제성장률(실질소득)↑ ⇒ 경제 신뢰도↑
　　⇒ 국내 투자↑(자본 유입) ⇒ 외환 공급↑, 외환 수요↓ ⇒ 환율 하락

넷째, 〈재정적자/재정수지 악화)〉
　　재정 지출 확대지속 ⇒ 국채 발행↑ ⇒ 국가 부채↑
　　⇒ 국채이자 지급↑, 국가위험 프리미엄↑ ⇒ 국내 투자↓(자본 유출)
　　⇒ 외환 공급↓, 외환 수요↑ ⇒ 환율 상승

다섯, 〈재정건전성 악화〉
　　국가 부채·외채 증가 ⇒ 국가 신뢰도↓ ⇒ 국내 투자↓(자본 유출)
　　⇒ 외환 공급↓, 외환 수요↑ ⇒ 환율 상승

여섯, 〈만성적 경상적자와 외채〉
　　경상수지 적자 지속 ⇒ 외환부족을 자본 유입 충당 ⇒ 외채↑
　　⇒ 국가 신뢰도↓ ⇒ 국내 투자↓(자본 유출) ⇒ 외환 공급↓, 외환 수요↑
　　⇒ 환율 상승

일곱, 〈경제 화폐량 증가〉

　　통화 공급↑ ⇒ 생산물 수요↑ ⇒ (기대)물가↑ ⇒장기금리↑ ⇒화폐 수요↓
　　⇒ 통화 구매력↓ ⇒ 수출↓, 수입↑ ⇒ 외환 공급↓, 외환 수요↑ ⇒
　　환율 상승

여덟, 〈외환보유고 축적〉

　　외환보유액↑ ⇒ 대외 신뢰도↑ ⇒ 국내 투자↑(자본 유입) ⇒ 외환 공급↑,
　　외환 수요↓ ⇒ 환율 하락

　　또한, 자국 통화의 가치가 상승한 것 자체만으로 국제사회의 신뢰도가 높아졌다고 말할 수 없고 그 뒷면의 요인을 살펴보아야 한다. 외환 공급 증가나 외환 수요 감소가 단독이나 동시에 발생해 환율이 하락한 경우 자본 유입의 증가나 자본 유출의 감소로 외국인들의 국내 투자가 증가했다면 국제사회에서 자국에 대한 신뢰가 높아졌음을 의미한다. 국제사회의 신뢰도가 높아진 국가들은 자국 통화가 강세를 지속할 것이고, 국제사회의 신뢰도가 낮아지면 해당 통화가 약세 지속을 유지할 것이다.

summary

1.3.3 경기변동과 중기 환율 변동

환율의 중기적 변동 요인은 경기변동과 연관성을 갖는 경상거래수지와 자본 유출입 등의 거시경제 변수 및 거시경제정책이라고 생각할 수 있다. 중기 동안에 수출 증가와 수입 감소로 인해 경상수지가 개선 혹은 자본 유입으로 인해 순자본 유출이 감소된다면 외환 공급이 증가하여 환율이 하락한다. 반대로 경상수지가 악화되거나 순자본 유출이 증가한다면 외환 수요가 증가하여 환율은 상승한다.

　　환율 변동을 결정해주는 가장 직접적인 유량 변수는 국제수지이다. 국제수지 상황에 따라 딜러(은행)의 외환 거래 행태가 영향을 받기 때문이다. 그러나 국제수지가 은행 간 시장의 외화 유동성 및 은행의 외환 포지션을 변화시키지 않는 경우는 예외적으로 국제수지가 환율 변동에 영향을 주지 못할 수도 있다.

　　경기변동과 주로 관련된 중기적인 변동 요인이 각각 환율에 미치는 파급 경로 및 환율 변동 방향에 대해 알아보면 다음과 같다. 자세한 이론은 제2장에서 설명할 것이다.

첫째, 〈경상수지〉

　　수출↑, 수입↓(경상수지 > 0) ⇒ 외환 공급↑, 외환 수요↓ ⇒ 환율 하락

　　수출↓, 수입↑(경상수지 < 0) ⇒ 외환 공급↓, 외환 수요↑ ⇒ 환율 상승

둘째, 〈자본수지〉

　　자본 유입(순자본 유출 < 0) ⇒ 외환 공급↑, 외환 수요↓ ⇒ 환율 하락

　　자본 유출(순자본 유출 > 0) ⇒ 외환 공급↓, 외환 수요↑ ⇒ 환율 상승

셋째, 〈국제수지〉

　　국제수지 흑자 ⇒ 외환 수요↓, 외환 공급↑ ⇒ 환율 하락

　　국제수지 적자 ⇒ 외환 수요↑, 외환 공급↓ ⇒ 환율 상승

넷째, 〈국내 물가〉

물가↑ ⇒ 화폐 수요↑ ⇒ 이자율↑ ⇒ 자본 유입 ⇒ 외환 공급↑,
외환 수요↓ ⇒ 환율 하락

물가↓ ⇒ 화폐 수요↓ ⇒ 이자율↓ ⇒ 자본 유출(순자본 유출↑)
⇒ 외환 공급↓, 외환 수요↑ ⇒ 환율 상승

다섯, 〈국민저축〉

저축↑(저축 > 투자) ⇒ 순자본 유출 > 0 ⇒ 외환 공급↓, 외환 수요↑
⇒ 환율 상승

저축↓(저축 < 투자) ⇒ 순자본 유출 < 0) ⇒ 외환 공급↑, 외환 수요↓
⇒ 환율 하락

한 나라의 통화 가치와 국제수지가 일관되게 움직이지 않는 경우도 많다고 한다. 한국의 경우 약 2000-2005년 동안 경상수지의 지속적 흑자와 외국인의 국내 투자 증가로 외환 순공급이 계속 증가하면서 원-달러 환율의 하락이 지속되었다. 그러나 약 2006-2007년 동안에는 경상수지 흑자보다 주식투자자금 회수 등 자본 유출이 더 커서 외환 순공급이 감소했음에도 환율은 하락했다. 또한 2009년에는 경상수지 흑자와 외국인의 증권투자자금 유입으로 국제수지가 큰 폭의 흑자를 기록했지만 환율은 상승하였다. 따라서 시계열 경험 분석의 결과, 주요 국가의 통화 가치와 국제수지가 일관되게 움직이지 않는 이유는 국제수지와 은행 간 시장 외환 수급 간의 괴리 발생, 환율에 대한 국제수지의 단기적 영향의 불명확성, 미국 달러화 가치의 독특한 변화 등이 존재하기 때문일 것이다.

한 나라의 거시경제정책 변화는 총수요 및 국제수지 변동을 통해 환율에 영향을 준다. 경제안정화 정책(통화정책과 재정 정책)은 경기변동에 따른 총수요의 변동을 상쇄하고 경제를 안정시키기 위해 동원된다. 통화정책과 재정 정책이 경제에 미치는 효과적 과정에서 환율에 미치는 경로 및 변동 방향을 자본 이동성 중심으로 살펴보면 아래와 같다.

먼저, 중앙은행이 실행하는 통화정책은 통화량이나 이자율을 변화시켜 총수요에 큰 영향을 미친다. 확장 통화정책은 통화량을 늘리거나 이자율을 인하하는 정책인 반면 긴축 통화정책은 통화량을 감소하거나 이자율을 인상하는 정책을 말한다. 중앙은행이 채권 매입 등의 공개시장 조작을 통해 시중 통화량을 증가시키지만 직접 통화를 찍어내어 본원통화량을 증가시키면 이를 양적 완화라고 부를 수 있다.

경기부양을 위해 확장 통화정책을 사용하는 경우 중앙은행의 신속한 의사결정과 집행에 따른 내부 시차가 짧지만 금융시장에서 실물내수로 연결되는 외부 시차가 최소 6개월 이상 길다는 단점을 가진다. 또, 확장 통화정책의 효과는 통화 창조로 인해 증가하지만 장기에서는 인플레이션 폐해를 유발할 수 있다.

통화정책은 이자율 경로와 자산 가격 경로를 거쳐 환율에 영향을 미친다. 만약에 확장 통화정책으로서 정책금리를 내리면 자국 통화로 표시된 금융자산의 수익률이 하락하고 외화표시 금융자산 수익률은 상대적으로 상승함에 따라 외환에 대한 수요가 확대된다. 그 결과 환율은 상승한다. 또한 통화 공급을 증가한 경우 통화 공급에 대해 물가가 느리게 반응하는 경우에도 국내외 금리 차이의 확대로 인한 자본 이동 영향이 더 크게 작용함으로써 환율 상승을 가져온다.

여섯, 〈확장통화정책〉
　　국내 금리↓ ⇒ 자본 유출 ⇒ 외환 수요↑ ⇒ 환율 상승

일곱, 〈양적 완화 확장통화정책〉
　　통화 공급↑ ⇒ 실질통화량(실질유동성)↑ ⇒ 이자율↓, 부↑
　　⇒ 자본 유출, 외국 채권 수요↑ ⇒ 외환 수요↑ ⇒ 환율 상승

여덟, 〈공개시장 조작 확장통화정책〉
　　통화 공급↑ ⇒ 이자율↓, 채권수익률↓ ⇒ 자본 유출, 외국 채권 수요↑
　　⇒ 외환 수요↑ ⇒ 환율 상승

다음, 정부가 집행하는 재정 정책은 재정 지출을 증감시켜 총수요에 직접 효과를 미치거나 조세 변화로 소비나 투자를 유도하면서 총수요에 간접적인 영향을 준다. 확대 재정 정책은 정부 지출을 증가하거나 세금을 감면하는 정책인 반면 긴축 재정 정책은 정부 지출을 감소하거나 세율을 올리는 정책을 말한다.

경기부양을 위해 확장 재정 정책을 사용하는 경우 총수요가 바로 증가되어 총생산을 증가시켜주는 외부 시차가 짧지만 전년도에 행정부와 국회에서 의사결정과 집행심의를 준비하는 내부 시차가 길다는 단점이 있다. 또, 확장 재정 정책의 효과는 승수 효과에서 구축 효과를 공제한 만큼에 불과하다.

재정 정책은 통화정책과 상이한 두 가지 상반된 경로를 보인다. 확장 재정 정책을 집행한 경우, 먼저 정부 구매의 증가에 힘입어 소비 및 투자가 늘어나는 총수요의 증가는 대외 수입 수요를 증가시키고 수입 증가는 경상수지를 악화시켜 환율 상승을 야기한다.

한편, 확장 재정 정책에 필요한 재원을 국채를 발행해서 충당한다면 국채 발행의 증가는 국채 금리를 상승시킴에 따라 장기 금리가 상승하게 되고 이는 자본 유입을 증가시켜 환율 하락을 야기한다. 이 경우에 재정 지출은 경상 부문을 통한 환율 변동 경로와 금융 부문을 통한 환율 변동 경로를 모두 가지고 있다. 그렇지만 자본 이동성이 클수록 자본 이동에 따른 금융 부문 경로가 경상 부문 경로에 비해 더 단기적으로 환율의 변동에 큰 영향을 준다. 따라서 확장 재정 정책의 경우 환율 하락 압력이 커지게 된다.

아홉, 〈확장재정 정책〉
    세금↓ ⇒ 총수요(소비와 투자)↑ ⇒ 수입 수요↑(경상수지악화)
    ⇒ 외환 수요↑ ⇒ 환율 상승

열, 〈국채 발행 재원 확장재정 정책〉
    정부 구매↑ ⇒ 총수요↑, 이자율↑ ⇒ 수입 수요↑, 자본 유입
    ⇒ 외환 수요↑ < 외환 공급↑ ⇒ 환율 하락

1.3.4 미시적 구조와 단기 환율 변동

환율의 단기적인 변동은 거시경제 기초 변수로 설명하기가 힘들고 새로운 정보에 대한 시장 참가자들의 기대 환율 변화 및 이를 반영한 외환 거래 행태에 의해 영향을 받을 것이다. 단기 환율 변동은 외환시장 참가자들의 기대 및 거래 행태를 반영하는 매수·매도 스프레드, 거래주문 흐름 등의 미시적 정보를 이용하는 미시 구조 접근법이 많이 사용되고 있다.

따라서 환율의 단기적인 변동 요인 혹은 즉각적인 성격으로 기대 환율 변화, 뉴스 발표, 투기적 거품, 주변국 환율과의 동조화, 은행 포지션 변동, 외환시장 개입, 불확실성, 외환·금융위기, 비합리성, 미시적 거래 행태 등을 들 수 있다. 주로 단기 환율의 결정은 은행 간 시장에서 딜러(은행)들이 매매하는 과정에서 결정될 것이다.

단기적 변동 요인이 각각 환율에 미치는 주요한 파급 경로 및 환율 변동의 방향에 대해 알아보면 다음과 같다. 보다 자세한 이론적인 설명은 제2장 4절에서 이루어질 것이다.

첫째, 〈정보〉
새로운 정보 ⇒ 기대 환율↑ ⇒ 외환 수요↑, 외환 공급↓ ⇒ 환율 상승

둘째, 〈뉴스〉
뉴스 발표 ⇒ 기대 환율↑ ⇒ 외환 수요↑, 외환 공급↓ ⇒ 환율 상승

셋째, 〈참가자 기대 변화〉
기대 환율↑ ⇒ 자기실현적 기대 환율↑ ⇒ 외환 수요↑, 외환 공급↓
⇒ 환율 급등(⇒ 거품 붕괴로 환율 급락)

넷째, 〈미국 달러화 대비 동조화〉
엔화↓ ⇒ 기대 원화↓ (기대 환율↑) ⇒ 외환 수요↑, 외환 공급↓
⇒ 원화↓ (환율 상승)

다섯, 〈은행 외환 포지션 변동〉

    매입 초과 ⇒ (기대)외환 매도 ⇒ 외환 공급↑ ⇒ 환율 하락

여섯, 〈정부의 시장 개입〉

    외환 매입 개입 ⇒ 외환보유액↑(외환 수요↑, 외환 공급↓), 통화량↑

    ⇒ 환율 상승

일곱, 〈환위험(불확실성) 회피〉

    환율↑ ⇒ 위험 기피자 외환 매도 ⇒ 외환 수요↓, 외환 공급↑ ⇒환율 하락

여덟, 〈개도국의 외환 · 금융위기〉

    외환위기 ⇒ 위험 회피↑, 통화위험 프리미엄↑ ⇒ 안전자산 선호↑,

    급격한 자본 유출 ⇒ 외환 수요↑, 외환 공급↓ ⇒ 환율 급등

아홉, 〈외환 · 금융위기와 비합리성〉

    환율↑ ⇒ 군집행동, 쏠림현상 ⇒ 외환 수요↑, 외환 공급↓ ⇒ 환율 급등

열, 〈은행 딜러 주문 흐름〉

    주문 흐름 양수(매수 주문 > 매도 주문) ⇒ 외환 수요↑, 외환 공급↓ ⇒

    환율 상승

    주문 흐름 음수(매수 주문 < 매도 주문) ⇒ 외환 수요↓, 외환 공급↑ ⇒

    환율 하락

1.4   평가절하의 영향

 학습목표

- 교역조건과 수출 가격 경쟁력
- 평가절하의 경상수지 개선 효과
- 평가절하와 수요의 가격탄력성
- 평가절하의 국민소득 개선 효과

자유무역은 무역 참가국들 모두에게 이익을 가져다준다고 주장한다. 그 이유로는 첫째가 각 나라의 비교우위 등을 통한 분업·특화 생산이 가져다주는 효율성의 이점이며, 두 번째로는 교역을 통한 비교우위 수출재의 가격 상승과 비교열위 수입재의 가격 하락에 따른 교역조건 개선의 이점 때문이다.

결국, 자유무역을 통해 경제적 효율성이 높아지고 교역국 모두의 교역조건이 개선되기 때문에 교역국 나아가 세계는 모두 무역이득을 얻고 성장을 지속할 수 있는 것이다. 자유무역의 결과로 얻는 교역국의 이익 크기는 교역조건의 개선 정도에 따라 달라지지만 양국은 모두 자급자족한 경우보다 총후생이 증진하게 된다. 따라서 자유무역은 장기적으로 세계경제를 발전시켜준다.

이 절에서는 한 나라의 교역조건과 수출가격 경쟁력의 의미 및 특징에 대해 살펴보고, 그다음 통상 분쟁이나 환율전쟁에서 불거진 평가절하(환율 인상)의 경상수지에 대한 개선 효과에 대해 알아본다.

또한, 외환시장의 안정성에 대한 의미와 조건을 검토해본다. 안정적 외환시장이란 어떤 균형 환율 수준으로부터 벗어나면 환율이 자동적으로 균형 수준을 회복할 수 있는 시장을 의미한다. 즉, 외환시장이 안정적이면 변동환율제도는 국제수지의 불균형을 개선시켜준다. 따라서 마셜-러너 조건, J-곡선효과, 환율 전가 효과 등이 충족된다는 전제 하에서 국제수지 적자의 경우 통화의 평가절하가, 흑자의 경우는 절상이 필요해진다.

1.4.1 교역조건과 수출 가격 경쟁력

교역조건이란 한 단위의 수입재를 수입하기 위해 몇 단위의 수출재를 수출해야 되는지를 나타내는 사후적인 지수이다. 교역조건은 수출품을 한 단위를 수출해서 수입할 수 있는 수입품의 단위 수량이다.

$$TT = \frac{P}{P*}$$

여기서 TT = 교역조건(TT = 수출재 가격(P) ÷ 수입재 가격($P*$) 혹은 TT = 수출 물가(P) ÷ 수입 물가($P*$)).

예를 들어, 한국이 필리핀에게 수출하는 스마트폰의 단가가 200달러이고 한국이 필리핀에서 수입하는 바나나의 단가가 20달러이라면, 스마트폰 1개를 수출한다면 바나나 10개를 수입할 수 있으므로 이 경우 교역조건은 10이다.

만일 스마트폰의 가격은 불변인데 바나나의 단가가 10달러로 하락하거나 바나나의 가격은 불변인데 스마트폰의 단가가 400달러로 상승하면 교역조건은 20이 되고 교역조건이 개선되었다고 한다. 필리핀의 입장에서는 교역조건이 악화된 것이다. 반대로 바나나의 가격은 불변인데 스마트폰의 가격이 하락하거나 스마트폰의 가격은 불변인데 바나나의 가격이 상승하면 교역조건이 악화되었다고 한다. 필리핀은 교역조건이 개선된 것이다.

첫째, 〈국제무역〉
　　수출입(무역)↑ ⇒ 교역조건 개선 ⇒ 무역 이익↑ ⇒ 경제성장(국민후생)↑
　　수출입(무역)↓ ⇒ 교역조건 악화 ⇒ 무역 손실↑ ⇒ 경제성장↓

둘째, 〈기술 진보〉
　　기술 진보 ⇒ 교역조건 악화/수출 가격 경쟁력 제고 ⇒ 무역수지↑ ⇒
　　경제성장↑

셋째, 〈바그와티의 궁핍화성장〉
　　수출 공급↑ ⇒ 교역조건 악화(세계시장에서 수출재 가격↓)
　　⇒ 무역 이익↓ ⇒ 경제성장↓

　　한 나라의 교역조건은 가격을 기준으로 하는 지표이지만 수출 가격 경쟁력은 수출 생산량을 기준으로 삼는 지표이다. 교역조건의 악화는 가격 경쟁력을 높여주어 수출량은 증가되고 수입량이 감소되는 유리한 무역조건으로 전향될 수 있다. 기술혁신으로 원가가 절감되어 수출품 가격이 하락하면 교역조건은 악화되지만 수출 가격 경쟁력은 향상된다. 수출경쟁력이 높아지면 수출이 증가하여 무역수지가 개선되며 생산과 고용이 촉진된다.

　　또한 환율 상승(자국 통화 평가절하)의 경우 국내에서는 더 높은 가격으로 해외의 물건을 구매하고 외국에서는 더 낮은 가격으로 국내의 물건을 구매할 수 있기 때문에 교역조건은 하락하지만 대외적 가격 경쟁력이 높아져서 수출이 증가하고 수입이 감소하므로 경상수지가 개선될 가능성이 높다.

　　그러나 환율 상승의 효과는 탄력성을 이용해서 수출·수입의 물량과 가격을 전체적으로 고려한 수출액과 수입금액을 계산해보아야 정확한 설명이 된다. 이에 따라, 정부의 정책으로 환율이 변하여 무역수지에 영향을 주는 것을 J-커브 효과라고 부르고, 정부 평가절하가 순수출에 얼마만큼 영향을 주는가의 골자는 마셜-러너 조건으로서 환율 변화에 수출입이 얼마나 탄력적으로 변동하는가를 나타낸다.

1.4.2 평가절하의 경상수지 개선 효과

넓은 의미로 경상수지 혹은 좁게 무역수지는 간략하게 수출액과 수입액의 차이를 한 나라의 화폐로 통일해서 일관되게 표시한다. 수출액에서 수입액을 뺀 값이 양수이면 무역수지(경상수지)의 흑자, 음수이면 적자, 영이면 균형이라고 한다.

만약에 원-달러화 환율이 상승하면, 원화 가치가 하락하고 수출재화의 미국 내 가격이 하락하는 효과가 있지만 미국산 재화의 국내 가격이 상승하는 효과가 있다. 따라서 순수출의 증가로 인해 대미 경상수지가 개선될 수 있고 나아가 실질성장을 달성할 것이다.

첫째, 〈수출경쟁력 향상〉

  환율 상승 ⇒ 수출재 가격↓, 수입재 가격↑ ⇒ 수출↑, 수입↓(순수출↑)
  ⇒ 무역수지(경상수지) 개선

예를 들어, 세라가 한국산 김치 1봉지를 수출하면 10,000원을 받을 수 있는 경우 환율이 달러당 1,000원이면 미국 내 가격은 10달러로 책정되지만 환율이 1,100원으로 상승하면 미국 내 가격은 약 9.1달러가 될 것이기 때문에 수출은 증가한다.

환율 1,000원에서 김치 10봉지를 수출했고 환율 1,100원에서는 달러표시 가격이 낮아져서 수입소비가 늘어났기 때문에 12봉지를 수출했다고 하자. 이 경우 수출품의 국내 가격이 변함이 없는 한 수출액은 처음에 100달러 또는 100,000원이고 환율 상승 이후 109.2달러 또는 120,120원으로 늘어난다.

예제 정리 1-1

구분	시점 1	시점 1	비고
원-달러 환율	1,000원	1,100원	환율 상승
김치 가격(1봉지)	10,000원 / 10달러	10,000원 / 9.1달러	원화 가격 불변 / 달러 가격 하락
수출 물량	10개	12개	증가
수출액	100,000원/100달러	120,120원/109.2달러	증가

그런데 환율이 상승하면 세라가 미국에서 수입하는 오렌지의 국내 가격이 올라간다. 환율 1,000원 시기에 오렌지 1개의 미국 내 가격이 1달러라면 국내표시 가격은 1,000원이 되고 이때 100개를 수입했다면 수입액은 100달러 또는 100,000원이다. 환율이 올라 1,100원이 된 시기에 미국 내 오렌지 가격은 변함이 없지만 원화 표시 가격은 1,100원으로 상승하고 수입 물량이 90개로 감소했다면 수입액은 90달러 또는 99,000원으로 감소한다.

예제 정리 1-2

구분	시점 1	시점 1	비고
원-달러 환율	1,000원	1,100원	환율 상승
오렌지 가격(1개)	1,000원 / 1달러	1,100원 / 1달러	원화 가격 상승 / 달러 가격 불변
수입 물량	100개	90개	감소
수입액	100,000원/100달러	99,000원 / 90달러	감소

앞에서 환율이 1,000원인 시점에서는 수출액이 100달러 또는 100,000원이고 수입액도 100달러 또는 100,000원이었던 것을 감안하면 경상수지가 균형이다. 그러나 환율이 1,100원으로 상승한 시점에서는 수출액이 109.2달러 또는 120,120원이고 수입액은 90달러 또는 99,000원임에 따라 경상수지가 19.2달러 또는 21,120원만큼 흑자를 보인다.

예제 정리 1-3

구분	시점 1	시점 1	비고
원-달러 환율	1,000원	1,100원	환율 상승
수출액	100,000원/100달러	120,120원/109.2달러	증가
수입액	100,000원/100달러	99,000원 / 90달러	감소
경상수지(순수출)	0	21,120원 / 19.2달러	개선

정리하면, J-커브 효과란 정부가 무역수지를 개선하기 위해 평가절하를 유도하게 되면 초기에는 무역수지가 오히려 악화되다가 일정한 기간이 경과한 후에 무역수지가 개선되는 현상을 말한다. 그 이유는 환율 상승에 따른 수출입 가격의 변동과 이에 따른 수출입 물량의 변동 간의 시차 때문이다. 평가절하에 따라 자국 재화의 가격은 신속히 하락하지만 수출 물량은 천천히 증가하기 때문이다.

즉, 환율 상승 초기에는 수출품 가격은 하락하고 수입품 가격은 상승하지만 수출입 물량은 큰 변동이 없어서 수출액은 감소하고 수입액은 증가하므로 무역수지가 악화된다. 또한, 통화량 증가 ⇒ 금리 하락 ⇒ 화폐가치 하락 ⇒ 물가 상승의 시기에 정부가 평가절하를 시행하면 수출이 줄고 수입이 늘어나서 일시적으로 무역수지 악화된다. 이후 시간이 경과되면 장기에서 수출입 상품의 가격 변화에 맞춰 수출량이 증가하고 수입량이 감소되면서 무역수지가 개선된다는 것이다.

summary

1.4.3 평가절하와 수요의 가격탄력성

일반적으로 다른 조건이 일정할 때 한국의 대외거래에서 주로 사용되는 미국 달러화가 강세를 보여 원-달러화 환율이 상승했다면 한국의 입장에서 수출액은 증가하고 수입액은 감소할 것이다.

그러나 미국 사람들이 한국 제품에 대한 수요의 가격탄력성이 매우 비탄력적이라면 수출액의 증가는 상대적으로 작게 나타날 것이다. 반면 한국 사람들의 미국 제품에 대한 수요가 매우 비탄력적이라면 오히려 수입액이 증가할 수도 있다. 이에 따라, 달러화 강세에도 한국의 대미 경상수지가 적자를 보였다는 것은 한국 제품에 대한 미국 사람들의 수요 탄력성이 작고, 미국 제품에 대한 한국 사람들의 수요 탄력성이 작았기 때문으로 추론할 수 있다.

정리하면, 마셜-러너 조건이란 환율 상승이 무역수지를 개선하기 위해서는 평가절하를 단행한 자국의 수입 수요의 가격탄력성과 자국의 수출수요의 가격탄력성(외국의 수입 수요의 가격탄력성)의 합이 1보다 커야 된다는 조건이다. 마셜-러너 조건이 충족되면 실질환율의 상승은 순수출을 증가시킨다고 본다.

평가절하를 단행한 자국의 외국 수출품에 대한 수입 수요의 가격탄력성이 클수록 수입이 더 감소하며, 자국의 수출품에 대한 외국의 수입 수요의 가격탄력성이 클수록 수출이 더 증가하니 유리하다. 따라서 명목환율이 상승하여 실질환율이 상승한다고 할 때, 실질환율의 상승이 순수출 물량에 미치는 양의 효과와 수출입 가격에 미치는 음의 효과 중에서 전자가 크면 무역수지가 개선되고, 반대로 후자가 크면 무역수지가 악화된다.

반대로 환율이 하락하면 수출이 감소하고 수입은 증가하므로 순수출이 감소하여 경상수지가 악화된다. 하지만 수출 물량이 크게 줄지 않고 수입 물량이 크게 늘지 않는 경우 무역수지는 오히려 개선될 것이다.

그렇지만 현실에서는 환율 이외에 다양한 요인들이 동시에 수출입에 영향을 주기 때문에 수요의 가격탄력성은 그 일부분만을 설명해주는 것이다. 환율 전가가 불완전할 경우 마셜-러너 조건이 유효하게 작동하지 못해 환율 상승이 무역수지를 개선하지 못할 수 있다. 환율 전가 효과는 J-커브 효과와 함께 단기에서 평가절하가 무역수지를 개선하지 못하는 이유를 설명해준다. 보통은 환율의 전가 효과가 불완전하므로 환율 변화(율)에 따른 수출입 재화의 가격 변화(율)가 더 작게 나타난다.

한국은행이 1999년 1사분기부터 2007년 4사분기까지 실증 분석 결과, 수출환율 전가율은 단기에 −0.77과 장기에 −0.07이고 수출 가격탄력성은 단기에 -0.49와 장기에 -0.87로서 환율이 수출에 미치는 영향은 단기에 -0.40과 장기에 -0.01이었다. 반면 수입환율 전가율은 단기에 0.61과 장기에 0.95이고 수입 가격탄력성은 단기에 -0.31과 장기에 -0.41로서 환율이 수입에 미치는 영향은 단기에 -0.58과 장기에 -0.44이었다. 이에 따라, 마셜-러너 조건은 단기에 0.80과 장기에 1.29이고 상품수지 개선 효과는 단기에 0.18과 장기에 0.43으로 나타났으며 이는 상품수지 개선에 시차가 존재하는 J-커브 효과로 설명될 수 있다.

이에 반해, 교두보 효과는 장기적으로 평가절하가 무역수지를 개선하지 못하는 이유를 설명해준다. 교두보 효과란 기업이 외국에서 직접 투자, 설비, 판매망 등의 교두보를 구축해놓으면 환율이 변하더라도 기업들이 이에 반응하지 않기 때문에 환율 변동이 순수출에 영향을 주지 못하는 현상을 지칭한다.

summary

1.4.4 평가절하의 국민소득 개선 효과

한 경제의 총공급과 총수요를 통해 평가절하의 국민소득 개선 효과를 살펴보자. 한 나라의 경제가 생산한 총생산(총공급)과 총수요에 대한 국민소득 항등식은 다음과 같다. 국민소득 항등식은 한 나라의 대내 균형을 나타내준다. 대내 균형이란 물가 상승이 없이 잠재 성장률 수준으로 최대한 생산을 이루는 상황으로서, 총공급(Y)과 총수요($C + I + G + x - M$)가 일치하게 된다.

즉, 개방경제의 국민소득 항등식은 다음과 같다.

$$Y = C + I + G + X - M$$

여기서 Y는 GDP로 측정한 총생산 혹은 국민소득, C = (민간)소비, I = (기업)투자, G = 정부 구매, X = 수출, M = 수입, ($X - M$) = 순수출.

국내총생산(Y), 국내총지출($A = C + I + G$), 경상수지(CA) 가운데 경상수지 흑자($Y - A = CA > 0$)인 경우 국내총생산이 총지출보다 더 큰 상태로써 지출하고 남은 생산물을 해외로 순수출하고 증가한 순해외자산은 순자본 유출로 나타난다. 역으로 경상수지가 적자인 경우는 외국차입이 늘어나 순해외자산이 감소하는 순자본 유입이 발생한다.

국민소득 항등식에서 볼 수 있듯이 한 나라 경제의 순수출이 증가하면 총수요가 증가하므로 이에 대응하여 총생산이 늘어난다. 종축에 물가를 표시하고 횡축에는 산출물(실질 GDP)을 표기한 그래프상에서, 총수요와 총공급이 일치하여 총수요곡선(AD)과 총공급곡선(AS)이 교차하는 초기 경제균형에서 총수요가 증가한다면 총수요곡선이 우측으로 이동하여 총공급곡선과 새로운 총수요곡선이 교차하는 균형은 최초균형에 비해 총생산이 증가하고 물가가 상승한다.

초기 균형에서 평가절하가 이루어지면 수입 원자재 가격 상승으로 생산비용이 상승함에 따라 총공급도 감소할 수 있다. 이에 따라 총공급곡선이 좌측으로 이동하여 총수요곡선과 새로운 총공급곡선이 만나는 균형에서는 총생산이 감소하고 물가가 상승하게 된다.

첫째, 〈초기 균형, 총수요〉

　　환율 상승 ⇒ 수출재 가격↓, 수입재 가격↑ ⇒ 순수출↑

　　⇒ 총수요↑(총수요곡선 우측 이동)

둘째, 〈초기 균형, 총공급〉

　　환율 상승 ⇒ 수입 원자재 가격↑ ⇒ 생산비용↑

　　⇒ 총공급↓(총공급곡선 좌측 이동)

셋째, 〈초기 균형, 총수요와 총공급〉

　　환율 상승 ⇒ 총수요↑ > 총공급↓ ⇒ (새로운 균형) 산출량↑, 물가↑

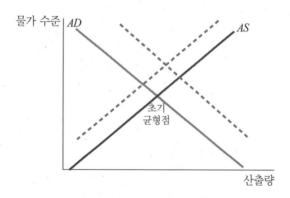

〈그림 1-6〉 총수요·총공급 모형에서 경제균형 변화

정리하면, 한 나라에서 평가절하로 인해 총수요가 증가하고 총공급이 동시에 감소한다면 새로운 균형에서 물가는 상승하고 총생산의 변화는 불분명해진다. 그러나 평가절하가 이루어지면 총수요곡선의 우측 이동한 폭이 총공급곡선의 좌측 이동한 폭보다 더 큰 것이 일반적 현상이므로 국민경제의 총생산도 증가하는 경우가 대부분이다.

2 CHAPTER

환율 결정이론

2.1   전통적 환율이론 및 평가절하 효과의 제약

 학습목표

- 탄력성 접근 방법
- 총지출 접근 방법
- 먼델–플레밍 접근 방법
- 평가절하 효과의 제약

환율 결정 이론은 크게 전통적인 환율이론과 현대적인 환율이론으로 나눌 수 있다. 전통적 환율이론은 거시적 유량접근법으로 환율이 경상수지나 국제수지의 균형에서 결정된다고 보지만, 현대적 환율이론은 거시적 저량접근법으로 환율이 자산시장의 균형에서 결정된다는 것이다. 전통적 환율이론에는 탄력성 접근 방법, 총지출 접근 방법, 먼델-플레밍 접근 방법 등이 있다.

각국은 1960년대까지 자본 이동을 대체로 통제하여 국제무역에 비해 자본거래의 비중이 적었다. 이에 따라 1950년대 말까지는 경상수지의 결과에 따라 환율 결정을 설명하려는 모형이 대부분이었다. 경상수지에 기초한 환율 결정 모형 가운데 탄력성 접근 방법은 수출입 변동에 의한 외환의 수요와 공급의 변동에, 총지출 접근 방법은 소득 변화에 따른 수출입 변동에 의한 외환의 수요와 공급의 변동에 초점을 두었다. 이후 국제자본 이동이 커짐에 따라 경상수지와 함께 자본수지의 영향을 고려한 것이 먼델-플레밍 접근 방법이다.

본 절에서는 전통적 환율 결정이론으로서 탄력성 모형, 총지출 모형, 먼델-플레밍 모형에 대해 살펴본다. 그다음, 평가절하 효과에 관한 제약사항에 대해 정리해본다. 그런데 국제수지에 대한 케인지안 접근법에는 탄력성 접근 모형과 총지출 접근 모형이 해당된다. 특히, 탄력성 모형은 마셜-러너 조건, J-곡선 효과, 환율 전가 효과를 설명하고 있는바, 평가절하가 수출 물량에 미치는 영향은 환율 전가율과 가격탄력성의 곱으로 파

　　악할 수 있다. 그리고 평가절하가 교역재와 비교역재 부문에 미치는 효과는 상대 가격 변동 효과와 실질잔액 효과를 통해 살펴볼 수 있다.

2.1.1 탄력성 접근 방법

케인스의 탄력성 접근 방법은 경상거래만을 대상으로 환율의 결정과 변동을 설명하려는 모형이다. 자본 이동이 통제되는 경우 국제수지는 자본수지보다 경상수지에 의해 영향을 주로 받음에 따라 균형 환율은 아래처럼 경상수지에 의해 결정된다.

첫째, 〈탄력성 모형 – 경상수지〉

수입액 = 수입액(경상수지 = 0) ⇒ 외환 수요 = 외환 공급 ⇒ 환율 균형

수입액 > 수출액(경상수지 < 0) ⇒ 외환 수요↑, 외환 공급↓ ⇒ 환율 상승

수입액 < 수출액(경상수지 > 0) ⇒ 외환 수요↓, 외환 공급↑ ⇒ 환율 하락

탄력성 이론 모형에서 주의해야 할 것은 균형 환율이 안정적이기 위해서는 환율의 상승이나 하락으로 경상수지의 불균형이 해소되어야 균형 환율로 복귀한다는 점이다. 즉, 환율 상승이 수출 증가와 수입 감소를, 환율 하락은 수출 감소와 수입 증가를 가져오는 환율의 경상수지 조절 기능이 안정적으로 작동해야 한다. 균형 환율의 안정 조건은 마셜-러너 조건과 동일하다.

탄력성 이론에서 말하는 암묵적인 환율 결정식을 함수 형태로 요약해보면 아래와 같다.

$$S = f\left(\frac{P}{P^*},\ Y - Y^*,\ i - i^*, Z\right)$$

여기서 S = 환율, P = 국내 물가 수준, P^* = 외국 물가 수준, Y = 국내 실질소득, Y^* = 외국 실질소득, i = 국내 명목이자율, i^* = 외국 명목이자율, Z = 통화량 증감 등의 기타 요인이다.

이에 따라, 독립변수로 나타낸 경제 변수 및 거시경제정책이 경상수지의 경로를 통해서만 환율 변동에 영향을 미친다고 본다.

둘째, 〈탄력성 모형 – 기초경제 변수〉

　　物價↑ ⇒ 수출 가격 경쟁력 약화 ⇒ 경상수지 적자 ⇒ 환율 상승

　　실질소득↑ ⇒ 수입 수요↑ ⇒ 경상수지 적자 ⇒ 환율 상승

　　이자율↑ ⇒ 투자↓ ⇒ 국민소득↓ ⇒ 수입 수요↓ ⇒ 경상수지 흑자 ⇒ 환율 하락

셋째, 〈탄력성 모형 – 경제정책〉

　　통화 공급↑(확장 통화정책) ⇒ 物價↑ ⇒ 경상수지 적자 ⇒ 환율 상승

　　확장 재정 정책 ⇒ 국민소득↑ ⇒ 경상수지 적자 ⇒ 환율 상승

---

summary

2.1.2 총지출 접근 방법

한 국가의 경제 전체적 현상과 관련해서 환율을 평가하기 위해 1952년에 개발된 총지출 접근 방법은 소득의 변화에 따른 수출입의 변화에 의한 외환의 수요와 공급의 변동에 초점을 두었다. 한 나라의 총생산과 총지출의 격차를 경상수지로서 인식하고 환율 변동을 설명한다.

국민소득 항등식을 총생산(Y), 총지출(A), 경상수지(NX)의 관계로 나타내보면, $Y - A = X - M = NX$. 이 식을 통해 한 나라의 생산과 지출의 차이가 경상수지의 흑자 또는 적자를 초래한다는 것을 알 수 있다.

첫째, 〈총지출 모형 – 총생산과 총지출〉

Y = A ⇒ 경상수지 = 0 ⇒ 외환 수요 = 외환 공급 ⇒ 환율 균형

Y > A ⇒ 경상수지 > 0 ⇒ 외환 수요↓, 외환 공급↑ ⇒ 환율 하락

Y < A ⇒ 경상수지 < 0 ⇒ 외환 수요↑, 외환 공급↓ ⇒ 환율 상승

본 모형에 따르면, 경상수지 적자국이 자국 통화 평가절하를 실행할 경우 생산을 자극해 나타난 소득 증가가 지출 증가보다 크다면 경상수지는 개선될 것이다. 반대로 소득 증가가 지출 증가보다 작다면 경상수지는 악화될 것이다.

한 나라의 평가절하가 경상수지를 개선하기 위한 경로를 소득 경로와 지출 경로로 구분해보면, 소득 경로는 수출경쟁력 확대와 수출 증가에 따른 국내 생산의 증가분이 소득 증가로 인한 수입지출 증가분을 초과하면 경상수지를 개선하는 반면 지출 경로는 수입 물가 상승과 국내 물가 상승에 따라 실질통화량이 감소되어 소비지출이 감소하거나 물가 상승과 더불어 명목임금이 늘어나면 소비지출이 증가할 수 있어서 그 효과가 다소 모호하다.

이에 따라 평가절하의 효과는 소득 효과가 크고 지출 효과가 낮다면 경상수지를 개선할 수 있다는 것이다.

2.1.3 먼델–플레밍 접근 방법

점차적으로 국제자본 이동의 규모가 커짐에 따라 환율에 대한 자본수지의 영향을 경상
수지와 함께 고려한 모형이 케인스학파의 먼델-플레밍 접근 방법이다. 경상수지(경상
거래)의 적자가 발생하더라도 자본수지(자본·금융계정의 직접투자수지와 증권투자
수지 등)가 흑자를 달성하면 국제수지가 균형을 이루어 환율 균형을 유지할 수 있다는
것이다.

　　경상수지와 자본수지의 변화가 상충되는 경우에는 자본수지의 변화가 경상수지의
변화보다 더 크다고 가정하면서 환율의 변동을 결정한다. 따라서 균형 환율은 아래처럼
국제수지에 의해 결정된다.

첫째, 〈먼델–플레밍 모형 – 국제수지〉
국제수지 균형(국제수지 = 0) ⇒ 외환 수요 = 외환 공급 ⇒ 환율 균형

국제수지 적자(국제수지 < 0) ⇒ 외환 수요↑, 외환 공급↓ ⇒ 환율 상승

국제수지 흑자(국제수지 > 0) ⇒ 외환 수요↓, 외환 공급↑ ⇒ 환율 하락

　　외환의 수요와 공급에 영향을 주는 요인으로 수출입과 자본 유출입을 동시에 강조하
고 있는 본 모형은 탄력성 모형에 자본의 국제이동성을 추가로 반영시킨 것이다. 먼델-플
레밍 이론에서 말하는 환율 결정식을 함수로 요약하면 아래와 같다.

$$S = f\left(\frac{P}{P^*},\ Y - Y^*,\ k(i - i^*),\ Z\right)$$

　　여기서 k는 국내외 이자율 격차에 대한 자본 이동의 민감도를 나타낸다. 오늘날처
럼 자본의 이동성이 클수록 k값은 커진다.

변동환율제도를 채택하고 자본의 완전한 이동성, 즉 k값이 무한대라고 가정한 후 물가 변화, 소득 변화, 이자율 변화, 통화량 변화 등이 환율에 미치는 영향 및 경로를 살펴보면 아래와 같다.

둘째, 〈먼델–플레밍 모형 – 기초경제 변수〉
금리(국내외 이자율 격차)↑ ⇒ 자본 유입 ⇒ 국제수지 흑자 ⇒ 환율 하락

금리↓ ⇒ 자본 유출 ⇒ 국제수지 적자 ⇒ 환율 상승

셋째, 〈먼델–플레밍 모형 – 경제정책〉
확대 통화정책(통화 공급↑) ⇒ 국내 금리↓ ⇒ 자본 유출 ⇒ 국제수지 적자
⇒ 환율 상승 ⇒ 순수출↑(경상수지 흑자) ⇒ 환율 하락

긴축 통화정책(통화 공급↓) ⇒ 국내 금리↑ ⇒ 자본 유입 ⇒ 국제수지 흑자
⇒ 환율 하락 ⇒ 순수출↓(경상수지 적자) ⇒ 환율 상승

확대 재정 정책 ⇒ 국내 소득↑ ⇒ 국내 금리↑ ⇒ 자본 유입 ⇒ 국제수지 흑자
⇒ 환율 하락 ⇒ 순수출↓(경상수지 적자) ⇒ 환율 상승

긴축 재정 정책 ⇒ 국내 소득↓ ⇒ 국내 금리↓ ⇒ 자본 유출 ⇒ 국제수지 적자
⇒ 환율 상승 ⇒ 순수출↑(경상수지 흑자) ⇒ 환율 하락

상기와 같이 환율 변동 요인들이 경상수지나 자본수지에 각각 어떤 영향을 미치는지에 따라 환율 변화가 탄력성 모형과 달라질 수 있다.

2.1.4 평가절하 효과의 제약

탄력성 접근 방법에서 환율이 안정적이려면 환율의 상승과 하락으로 경상수지의 불균형이 해소되어야 한다. 그런데 환율 상승이 대외 가격경쟁력 향상을 통해 경상수지를 개선하려면 마셜-러너 조건, J-곡선 효과, 환율 전가 효과 등을 고려해야 할 것이다.

마셜-러너 조건이란 환율에 대한 자국의 수입 수요 가격탄력성과 자국의 수출 공급 가격탄력성(외국의 수입 수요 가격탄력성)의 합이 1보다 큰 경우에 자국 통화의 평가절하가 경상수지를 개선시킬 수 있음을 나타낸다.

$$수입수요\ 가격\ 탄력성 \left(= \frac{수입수요\ 변화율(\%)}{수입\ 가격\ 변화율(\%)} \right) + 수출공급\ 가격\ 탄력성 > 1$$

상기의 마셜-러너 조건식은 환율 상승(평가절하) 시 수출 증가와 수입 감소가 어느 정도 탄력적으로 발생해야 경상수지가 개선된다는 것을 나타내준다. 환율 상승이 대외 가격경쟁력 향상을 통해 경상수지를 개선하려면 우선 마셜-러너 조건이 충족되어야 한다.

예를 들어, 한국의 원화가 5%만큼 절하되면 달러표시 수출 가격은 5% 하락하고 원화 표시 수입 가격은 5% 상승한다. 이 때문에 원화가 5% 절하될 때 무역수지(경상수지)가 개선되려면 수출량 증가분과 수입량 감소분의 합이 5% 이상은 돼야 한다.

그렇지만 이 조건이 충족되지 못할 경우 평가절하에도 불구하고 무역수지가 악화되는 J-커브 효과가 나타난다. 단기적으로 J-커브 효과는 마셜-러너 조건이 성립하지 않음을 나타내준다. J-커브 효과란 평가절하를 시행할 때 일시적으로 가격의 수출입 탄력성이 낮아서 경상수지가 악화되지만 장기적으로는 경상수지가 개선되는 효과를 말한다.

단기에서 탄력성이 낮은 이유는 평가절하 시 가격의 변화는 즉각 일어나겠지만 수출입의 수량 변동은 느리게 조정되기 때문이다. 평가절하가 발생해도 기체결된 계약은 그대로 진행되고, 생산용 수입 중간재 및 생필품은 비탄력적이며, 수출입의 소요시간은 상당히 걸리며, 환율 변동에 비해 사람들의 행동은 서서히 변하는 경향이 있다.

단기적으로 평가절하가 효과를 나타내지 못하는 또 다른 이유는 환율의 전가 효과가 미약하기 때문이다. 환율 전가란 환율 변동에 의해 수출 가격이나 수입 가격이 변하는 정도를 나타낸다.

$$수출(입)가격의\ 환율전가율 = \frac{수출(입)가격\ 변화율(\%)}{환율변화율(\%)}$$

예를 들면, 원-달러화 환율이 10% 상승했을 때 한국 수출기업이 미국 시장에서 판매하는 제품의 달러표시 가격을 10% 내린다면 환율 변화의 100%를 가격에 전가시켰다고 볼 수 있다. 이 경우에 환율 전가율은 1이다.

일반적으로 환율 전가는 불완전해서 환율이 변동해도 가격이 변하는 효과가 충분히 나타나지 않는다. 현실에서는 타국 제품들과의 경쟁, 가격 차별화, 시장 점유율 등을 이유로 환율의 전가 효과가 100%보다 훨씬 낮거나 느리게 나타난다. 로고프에 따르면 미국의 도소매 물가에 대한 환율의 전가 효과는 50% 미만 정도로 점차 줄고 있다. 이에 따른 환율 전가가 불완전할 경우에 마셜-러너 조건이 성립하더라도 평가절하가 무역수지를 개선하기 어려울 수 있다.

장기적으로는 교두보 효과가 평가절하의 효과가 나타나지 않는 이유를 설명할 수 있다. 교두보 효과란 외국에 설비, 판매망 등의 교두보 투자를 구축해놓은 상태에서 환율이 변하더라도 기업이 이에 반응하지 않으므로 환율 변동이 경상수지에 영향을 주지 못하는 현상이다. 한번 해외 직접투자를 하면 적자가 발생해도 이들을 쉽게 포기하기 어려운 것처럼 교두보를 구축해놓으면 매몰비용이 너무 커져서 환율 변동에 대처하지 못할 것이다.

그 밖에 한 나라의 평가절하에 대한 무역 상대국들의 반응도 고려해야 한다. 어떤 나라가 자국의 통화 가치를 절하하는 경우 그 무역 상대국들도 이에 대항해서 통화 가치를 절하시키는 경우가 많다. 따라서 평가절하의 효과는 결국 무역 상대국들에 의해 영향을 받게 된다.

한국의 현실에서는 환율과 수출 간의 이론적 관계가 명확히 나타나지 않고 있다. 환율 변동이 경상수지에 미치는 영향이 약화되고 있다는 말이다. 상기 제약 등으로 인해, 한국의 주력 수출 품목인 반도체, 철강, 석유제품, 화공품 등의 수출 가격이 환율 변동보다는 국제시장의 수급 상황 등에 의해 결정되므로 환율의 상승이나 하락에 따른 수출 단가의 하락이나 상승이 크지 않기 때문이다. 그리고 수출 상품 생산에서 수입 소재·부품의 중간재 투입 비중이 높아져서 환율이 상승하더라도 원가 부담이 악화돼 수출 단가의 하락이 줄어든다. 또한 기업들은 환율이 하락할 때 가격 경쟁력을 유지하기 위해 수출 가격을 조정하기보다 수출 마진을 축소하기도 한다. 실제로 한국의 수출 물량은 환율 변동에 노출된 수출 단가보다 세계 수입 수요에 더 큰 영향을 받고 있다. 그 이유는 브랜드 인지도, 품질 등의 비가격 경쟁력 및 중국 등 해외 현지의 생산 증가 등에 수출 물량이 좌우되기 때문이다.

summary

2.2   구매력 평가이론

 학습목표

- 절대적 구매력 평가이론
- 상대적 구매력 평가이론
- 환율의 수출과 내수에 미친 영향

20세기 초반에 카셀이 고전적 외환이론의 하나로 정립한 구매력 평가이론에 대해 알아보자. 구매력 평가이론은 두 통화 간 환율 변화는 두 국가의 물가 수준의 비율에 비례한다는 이론이다. 일물일가 법칙을 가정한 상태에서 한국 물가와 외국 물가가 비슷해지도록 환율이 결정된다는 것이다. 모든 재화들의 환율을 고려한 가격이 국내외에서 동일하다는 것이다.

구매력 평가란 생산물시장의 완전한 개방하에서 생산물에 대한 각 통화의 구매력이 모든 국가에서 동일해짐을 의미함으로 국가들 간에 구매력 평가가 성립된다는 것은 국제상품 시장이 장기적 균형을 달성함을 의미한다.

구매력 평가이론은 1차 세계대전으로 인해 국제무역이 붕괴되고 각국 상품에 대한 상대 가격이 큰 변동을 겪은 이후 금본위제도로 복귀할 수 있는 균형 환율을 추정하는 데 이용되다가, 1973년 이후 채택된 변동환율제도에서 다시 관심이 높아져서 그 이론적 타당성에 대해 수많은 실증 연구가 행해져왔다. 경험적인 찬반 논쟁 가운데 구매력 평가설은 장기간 동안에 그리고 초인플레이션 국가들에서는 더 잘 성립된다.

이 절에서는 국제생산물시장의 장기적인 균형을 나타내는 구매력평가설(PPP)을 절대적 구매력평가설과 상대적 구매력평가설의 견해로 구분해서 검토하기로 하자. 그리고 국가 간 국제경쟁력(국제 제품 가격 경쟁력)을 결정짓는 실질환율을 살펴보고, 실질환율이 수출과 내수에 미친 영향에 대해 정리하기로 한다. 흔히 사용하는 명목환율은

비교할 국가 간의 물가 변동을 반영하지 못하기 때문에 실질적인 대외가치 상승이나 하
락을 반영해주는 환율이 아니다.

summary

2.2.1 절대적 구매력 평가이론

화폐의 장기적 구매력이란 물가 수준의 역수인데, 절대적 구매력 평가이론은 균형 환율이 두 나라의 물가 수준의 비율과 같음을 보여준다. 오랜 시간 동안에서 환율이 두 나라의 물가 수준의 차이를 반영해 움직이는 것은 양국 경제 상황의 변화가 물가에 반영되고 이에 따라 환율이 변동되기 때문이다.

빅맥지수가 대표적인 실례이다. 빅맥지수란 세계 어느 나라에서도 파는 맥도날드 빅맥 햄버거의 가격 비율을 이용하여 환율을 대략 결정해보는 것이다. 빅맥 햄버거의 가격이 미국에서 5달러이고 한국에서 5,000원이라면 원-달러화 환율을 1,000원 정도로 가늠해보는 것이다.

절대적 구매력 평가이론을 명시적인 환율 결정식으로서 표현해보면 아래와 같아진다.

$$P = S \cdot P^* \text{ 또는 } S = \frac{P}{P^*}$$

여기서 P = 국내 물가, P^* = 외국 물가, S = (명목)환율이다. 장기적으로 국내외 상대적 물가 수준이 생산물시장 경로를 통해 환율 변동에 영향을 준다.

절대적 구매력 평가설이 성립하는 경우, 환율 변동의 경로 및 방향을 나타내보면 아래와 같다.

첫째, 〈절대적 구매력 평가〉

국내 물가↑ ⇒ 자국 통화 구매력↓, 수출 가격 경쟁력↓ ⇒ 경상수지 악화

⇒ 외환 수요↑, 외환 공급↓ ⇒ 환율 상승

외국 물가↑ ⇒ 외국 통화 구매력↓, 국내 수출 가격 경쟁력↑ ⇒ 경상수지 개선

⇒ 외환 수요↓, 외환 공급↑ ⇒ 환율 하락

구매력 평가설의 관점에서 한 통화의 가치가 구매력 평가설 수준보다 절하되었다면 이 통화는 저평가된 것이고, 통화 가치가 구매력 평가 수준보다 절상되었다면 통화는 고평가된 것으로 판정할 수 있다. 특히, 가격 경쟁력의 척도인 실질환율 측면에서, 저평가된 통화는 실질환율이 높겠지만 고평가된 통화는 실질환율이 낮아진다.

그런데 명목환율은 화폐와 화폐의 교환 비율이지만 실질환율은 양국 간 생산물과 생산물의 교환 비율을 나타낸다. 예를 들어, 원-달러화 환율이 달러당 1,000원이며, 쌀 1대의 가격이 미국에서 100달러이고 한국에서는 20만 원이라면 실질환율은 0.5가 된다. 이는 미국 쌀 1대당 한국 쌀 0.5대를 살 수 있다는 것이다. 그리고 한국의 쌀 가격이 10만 원으로 하락하면 실질환율은 1이 된다.

구매력 평가는 국제 차익거래의 결과로 생산물에 대한 통화의 구매력이 양국 사이에 동일해져서 실질환율(R) 수준이 1임을 나타낸다.

$$R = \frac{SP^*}{P} = 1$$

이에 따라 환율이나 국내외 가격이 변동하게 되면 실질환율이 변화된다. 실질환율 지수의 측정에 대한 자세한 설명은 제3장에서 행해진다.

만일 $R < 1$(혹은 $R < 100$)이면 자국 통화의 외국 통화에 대한 상대적 구매력이 상승하여 자국 상품의 수출경쟁력이 약화되었음을 의미한다. 반면 $R > 1$이라면 자국 통화의 외국 통화에 대한 상대적 구매력이 하락하여 자국 상품의 수출경쟁력이 강화되었음을 의미한다.

구매력 평가의 성립 여부는 나라마다 상이하다. 환율이 수출입에 미치는 영향이나 경제구조 등이 국가마다 다르기 때문이다. 특히, 장기에 걸쳐 환율의 대외불균형에 대한 자동조절 기능이 작동함에 따라 환율의 변동이 두 나라의 물가 변화를 반영하여 조정된다. 환율의 장기조정 과정에 따라 구매력 평가설은 단기보다 장기에서 잘 성립된다.

그러나 현실에서는 불완전한 국제자본 이동, 자유무역 장벽(관세, 쿼터 등)과 비교역재의 존재, 거래비용 등 장애요인이 존재하여 국제생산물시장에서 일물일가의 법칙이 성립하기가 어렵다. 따라서 일물일가의 법칙이 성립하기 어렵기 때문에 절대적 구매력 평가설이 성립되기가 어렵다.

국제 간 자본 이동이 지속적으로 증가하는 가운데 외환의 수급은 자본 이동에 따라 우선적으로 변화되고 그로 인해 환율이 변동된다. 따라서 당시에 카셀은 자본 이동을 구매력 평가로부터의 일시적인 괴리 요인이라고 말했는데 이는 정확한 표현이 아니다.

자유로운 교역이라는 생산물시장 개방의 가정과 달리 실제로는 수많은 국가들이 무역 장벽이나 보호무역정책을 일부 유지하고 있으며 서비스 시장과 일부 상품 시장에서 비교역재가 상당하다. 가장 큰 문제점은 무역의 대상이 되지 않는 비교역재의 존재이다. 경제발전에 따라 비교역재가 대부분인 서비스산업의 비중이 커지기 때문에 교역재와 비교역재 상대 가격의 변동은 구매력 평가로부터의 일시적인 괴리 요인이라는 카셀의 말은 정확한 표현이 아니다.

그 밖에 국제무역에 수반되는 운송비 등의 거래비용이 무시할 수가 없을 정도로 크다. 또한, 물가지수를 만드는 물가 바스켓을 구성하는 상품과 서비스의 종류 및 가중치가 국가마다 달라서 서로 비교하기가 힘들다.

summary

2.2.2 상대적 구매력 평가이론

상대적 구매력 평가설은 환율 변화가 양국 물가 수준의 변화율 차이에 달려 있음을 보여
주므로 장기적 환율 변화를 설명할 때 간편하지만 절대적 구매력 평가설보다 더 미약한
개념이다.

상대적 구매력 평가설은 절대적 구매력 평가설 조건식에서 양변에 자연로그를 취
하고 시간으로 미분하면 손쉽게 도출된다. 절대적 구매력 평가설 조건식의 양변에 자연
로그($\ln$)를 취해주면 $\ln S + \ln P^* - \ln P = 0$ 이 된다. 그리고 이들을 각각 시간으로 미분
해주면 변동율의 관점에서 아래의 수식처럼 나타낼 수 있다.

상대적 구매력 평가설은 주로 통화 공급의 변동에 따른 양국 물가 상승률의 차이를
이용하여 환율 변동을 설명한다. 상대적 구매력 평가이론을 수식으로 표현하면 아래와
같다.

$$S^\wedge = P^\wedge - P^{*\wedge}$$

여기서 $S^\wedge$ = 환율 상승률(평가절하율), $P^\wedge$ = 국내 물가 상승률, $P^{*\wedge}$ = 외국 물가
상승률.

상대적 구매력 평가설에 의하면, 환율 상승률이 국내 물가 상승률과 상대국 물가
상승률의 차이에 따라 결정된다.

첫째, 〈상대적 구매력 평가〉

(국내 통화량↑) ⇒ 국내 물가 상승률 > 외국 물가 상승률 ⇒ 환율 상승

(외국 통화량↑) ⇒ 국내 물가 상승률 < 외국 물가 상승률 ⇒ 환율 하락

그러나 양국 간 물가 상승률의 차이가 일정한 상태에서 교역조건 개선, 기술혁신과 생산성 향상 등 실물 부문의 변화가 발생한 경우 이를 신속히 반영하지 못하기 때문에 실물 충격이 발생할 경우 물가에 변화가 없더라도 환율이 즉각 변동할 수 있음을 반영하지 못하고 있다. 예를 들어, 한국의 주요 수출 품목인 반도체의 국제 가격이 상승하여 교역조건이 개선된 경우 수출 단가의 상승으로 수출 금액이 증가하면 경상수지가 개선되어 물가 변동이 없어도 환율이 하락한다.

구매력 평가설을 검증하는 방법은 다양하겠지만 실질환율의 안정성 검증이 대표적이다. 그러나 실질환율의 장기적 안정성 여부에 대해 합의가 이루어지지 않고 있다. 약 2년 정도에 해당한다는 가격 경직성(가격조정의 어려움)을 고려해도 실질환율이 때때로 안정적이거나 불안정하여 실질환율의 지속성을 설명하기가 어렵다. 이러한 현상을 PPP 퍼즐이라고 부른다.

summary

2.2.3 환율의 수출과 내수에 미친 영향

환율 상승이 수출과 내수에 미치는 영향은 수출 증가와 소득 증가에 따른 내수 증가로 이어진다. 이처럼 경상수지 흑자가 증가하면, 수입을 통해 감소하는 소득과 고용보다 수출을 통해 증가하는 소득과 고용이 커져, 국민소득이 증가하고 실업이 감소된다. 또한 경상수지 흑자가 증가하여 외환보유액을 적정 수준으로 확보하게 되면 대외 신뢰도가 높아져 외국자본의 급격한 유출 가능성이 낮아지는 이점이 있다.

이러한 긍정적인 측면 이외에 환율 상승은 수입 원자재 비용과 수입 자본재 가격을 인상시켜 실질소득 둔화를 통해 소비와 투자 등 내수를 위축시킬 수도 있다. 이에 따라 환율 상승은 수출 증대와 내수 부진이라는 양극화를 야기하게 된다. 환율 상승의 지속은 수출 증대로 내수 부진을 극복하게 해주지만 내수를 살리기 위해서는 환율을 시장 자율에 맡기거나 환율 하락이 필요할 것이다.

특히, 일국 경제에서 환율은 교역재 부문과 비교역재 부문에 비대칭적인 영향을 미치고 있다. 한 나라 경제에서 환율의 산업 간 비대칭적인 영향을 살펴보기 위해 대외 부문과 관련이 높은 교역재 부문과 국내 내수와 관련성이 높은 비교역재 부문으로 나눌 수가 있다. 고전학파를 따른 비교역재 모형에서는 환율 상승이 교역재와 비교역재 부문에 미치는 영향을 상대 가격 변동 효과와 실질소득 잔액 효과를 통해 아래처럼 살펴볼 수 있다.

첫째, 〈교역재에 대한 환율 효과〉
환율 상승 ⇒ 교역재 상대 가격↑ ⇒ 교역재 생산↑, 교역재 소비↓ ⇒ 공급 초과
⇒ 수출↑(경상수지 > 0)

환율 상승 ⇒ 교역재 상대 가격↑ ⇒ 물가↑ ⇒ 실질소득↓ ⇒ 교역재 소비↓
⇒ 공급 초과 ⇒ 수출↑(경상수지 > 0)

둘째, 〈비교역재에 대한 환율 효과〉
환율 상승 ⇒ 비교역재 상대 가격↓ ⇒ 비교역재 생산↓, 비교역재 소비↑
⇒ 수요 초과

> 셋째, 〈내수에 대한 환율 효과〉
> 환율 상승 ⇒ 물가↑ ⇒ 실질소득↓ ⇒ 비교역재 소비↓ ⇒ 공급 초과
> ⇒ 내수 부진

환율 상승의 종합적인 영향을 살펴보면, 교역재는 상대 가격 상승과 실질소득 감소에 의해 소비가 모두 감소하여 초과 공급이 발생한다. 반면에 비교역재는 상대 가격 하락으로 소비 증가가 발생하나 실질소득 감소로 인해 소비 감소가 나타나며 소비 감소폭이 생산 감소폭보다 더 큰 경우 초과 공급이 발생한다.

교역재 부문에서의 초과 공급은 수출(외국 수요)에 의해 해소되어 경상수지 흑자로 나타난다. 그러나 비교역재 부문에서의 초과 공급은 소비 위축에 따른 내수부진으로 나타난다.

외환위기 이후 한국은 수출지향적인 교역재의 생산이 증가하고 비교역재 생산은 감소한 2000년대에 들어와 경상수지 흑자와 내수 부진이라는 불균형 상황에 처해있다. 그 이유를 교역재와 비교역재 부문에 대한 환율 상승의 비대칭적 영향에서도 찾아볼 수가 있다. 외환위기 이후 수출 호조에도 내수가 부진한 것은 환율 상승으로 교역재 부문에 비해 비교역재 부문에서의 소비와 생산이 감소했기 때문이다.

참고로, 발라사-새뮤얼슨은 경제성장을 빠르게 달성한 국가는 교역재 대비 비교역재의 가격을 상승시켜 실질환율이 상승됨을 밝혔다. 이를 생산성(공급) 충격으로서 대내 균형에 영향을 주는 발라사-새뮤얼슨의 효과라고 부른다. 1950년대에 시작한 엔화의 실질절상 및 1960년대 시작된 마르크화의 실질절상을 설명할 수 있다. 그렇지만 1990년대 미국이 상당한 경제성장을 이루었던 경우에는 그 효과가 반대로 나타났다.

그리고 가난한 국가에서 물가 수준이 낮은 이유는 무엇인가? 발라사-새뮤얼슨은 빈국에서 비교역재 가격이 교역재에 비해 상대적으로 낮은 이유를 빈국 비교역재 부문의 낮은 노동 생산성에 찾았다. 바그와티-크라비스-립시는 빈국은 부국과 달리 낮은 자본-노동비율(상대적 노동 풍부국)을 가지고 있으므로 노동 한계생산성(임금)이 낮다고 보았다.

2.3   현대적 환율이론

 학습목표

- 통화론적 접근 방법
  (1) 신축가격 통화 모형
  (2) 경직가격 통화 모형
- 자산균형 접근 방법
- 환율 결정에 대한 여타 접근 방법
  (1) 자산시장 접근 방법에서 국제수지 변화의 영향
  (2) 금리차익 거래와 환위험 커버된 이자율 평가설
  (3) 캐리 트레이드

지금부터는 1960년대 후반 이후부터 개발되어온 현대적인 환율이론들을 차례로 살펴본다. 제2차 세계대전 이후 국제 간 자본 이동의 역할이 크게 증가하여 자본 통제에서도 유로달러시장이 1950년 후반에 태동했고, 1973년에 변동환율제도가 도입된 이래 유로통화시장 등이 자본 이동의 비약적 성장을 촉진했고 국제무역보다 규모가 훨씬 커지는 상황에서 자산에 기초한 거시적인 환율 결정이론이 다수 개발되었다.

자본 이동의 장벽이 사라진 결과, 투자나 투기적 자본거래로 인한 외환 거래량이 무역으로 인한 외환 거래량보다 크게 증가해감에 따라 외환시장이 사후적으로 국제수지의 결과에 반응하는 시장에서 사전적으로 자산 보유자가 어떤 통화를 이용해 자신의 부를 보유할 것인가에 대한 결정에 반응하는 시장으로 변화되었다. 이에 따라 투자자들의 자산 구성 조정 과정에서 발생하는 외환의 수요와 공급에 초점을 두고 환율 결정을 설명하려는 자산시장 접근 방법이 제시되었다.

자산시장 접근 방법(저량 조절)은 완전한 자본 이동을 가정하고서 금융자산의 수요와 공급이 균형을 달성할 때 환율이 결정되고, 자산 구성의 변화 과정에서 수요와 공급이 변화됨에 따라 환율이 변동된다고 본다. 자산시장의 접근 방법은 통화주의 접근 방법과 오버슈팅, 자산균형 접근 방법(포트폴리오 밸런스 모형) 등으로 발전해온 거시경제 모형이다. 환율 결정에 대해 가장 많이 사용하는 방법론은 통화주의 접근 방법과 포트폴리오 밸런스 모형이다.

이 절에서는 통화주의 환율 모형에 대해 설명하고, 이와 비교하면서 포트폴리오 밸런스 환율 모형을 살펴본다. 그리고 환율 결정에 대한 여타 접근 방법에 대해서도 소개하려고 한다.

summary

2.3.1 통화론적 접근 방법

통화론적 접근 방법은 금융자산 가운데 통화만을 고려해서 관련 국가 간의 상대적 화폐 수요와 화폐 공급(통화량)이 균형을 이루는 과정에서 환율이 결정 및 변동된다는 이론이다. 환율은 통화의 수요와 공급이 일치하는 수준에서 결정되고 수요와 공급이 변함에 따라 환율이 변동한다. 즉, 한 나라 통화는 금융자산의 하나로 간주하고 환율이 해당국 통화에 대한 상대적 수요와 공급에 따라 결정된다. 환율은 두 나라 통화의 상대 가격이므로 각국의 통화량 증감이 자국 통화의 상대적 가치에 영향을 미쳐 자본 이동을 야기함에 따라 환율 변동이 일어난다.[1]

그런데 화폐 수요란 어느 시점에서 사람들이 보유하려는 화폐의 총액을 말한다. 사람들이 얼마나 많은 재산을 유동성 형태(현금과 예금)로 보유하고자 하는지를 반영해 준다. 가장 중요한 것은 물가가 높을수록 화폐의 수요량이 증가한다는 점이다. 프리드먼의 신화폐수량설에서 화폐 수요는 국민소득과 이자율의 함수이다. 즉, 실질 화폐 수요는 $L = L(Y, i)$. 여기서 Y = 실질소득, i = 이자율.

반면 화폐 공급은 중앙은행과 은행권이 통화량을 결정한다. 화폐 공급은 중앙은행의 통화발행과 통화정책 및 시중은행의 통화 창조를 뜻한다. 즉, 실질 화폐 공급은 $\frac{M}{P}$ 로 주어진다.

여기서 M = 통화량, P = 물가 수준. 장기 동안에는 물가 수준에 의해 화폐의 수요와 공급이 일치하게 되지만 단기에서는 이자율의 역할이 중요하다.

---

1   장기적 관점에서 구매력 평가이론은 환율이 각국 통화가 갖는 상대적 구매력의 척도로서 양국 통화의 상대적 가치에 따라 결정된다고 설명하고 있다(물가 수준/물가 상승률이 높을수록 구매력이 낮아지고 통화 가치가 절하됨에 따라 환율은 상승함). 반면 통화론적 접근법은 환율이 양국 통화의 상대적 가격으로서 한 통화에 대한 상대적 수요와 공급에 따라 결정된다고 설명한다.

통화주의 화폐 모형은 사람들이 화폐 수요와 화폐 공급이 일치할 때까지 화폐의 보유량을 조정한다고 본다. 즉,

화폐 수요 < 화폐 공급 ⇒ 통화 가치 하락,
생산물의 구매 증가를 통해 통화의 초과 공급을 소비 ⇒ 화폐 수요 = 화폐 공급

화폐 수요 > 화폐 공급 ⇒ 통화 가치 상승,
구매 감소를 통해 통화 초과 수요를 소모 ⇒ 화폐 수요 = 화폐 공급

따라서 화폐시장의 균형에서 양국 간의 실질 화폐 공급과 실질 화폐 수요의 균형식은 다음과 같다.

$$\frac{M}{P} = L(Y, i), \quad \frac{M^*}{P^*} = L^*(Y^*, i^*)$$

여기서 기호 *는 외국을 지칭한다.

통화주의 모형은 국내외 자산(예) 채권)의 완전한 대체성을 가정하여 환위험이 존재하지 않는다고 간주하며, 환율이 자국 통화와 상대국 통화의 상대적 가치에 의해 결정되므로 화폐 수요와 화폐 공급의 변화에 따라 환율이 변동한다고 본다. 특별히, 중앙은행의 통화정책에 따른 통화 공급 증감과 이에 대응한 통화 수요 변화가 일국 통화의 가치를 변동시키는 중요한 한 요인이라고 설명한다.

한 나라에서 통화량의 증가는 실물경제 활동을 촉진시켜 경기를 부양시켜주지만 물가 상승 압력을 초래할 수 있다. 통화당국이 화폐 공급을 증가시키는 경우 환율에 미치는 파급 경로에 대해 알아보자.

첫째, 〈통화주의 모형 - 통화 공급의 변화 없는 경우〉
국내 통화 수요 = 외국 통화 수요 ⇒ 환율 균형

국내 통화 수요 > 외국 통화 수요 ⇒ 환율 하락

국내 통화 수요 < 외국 통화 수요 ⇒ 환율 상승

둘째, 〈통화주의 모형 - 신축적 가격〉
통화 공급↑ ⇒ 물가↑ ⇒ (금리와 통화 수요의 변동 없음)

통화 공급 > 통화 수요 ⇒ 통화 구매력(통화 가치)↓ ⇒ 경상수지 악화
⇒ 외환 수요↑ ⇒ 환율 상승

예상 통화 공급↑ ⇒ 기대물가↑ ⇒ (장기)금리↑
 ⇒ 통화 수요↓ ⇒ 통화 공급 > 통화 수요 ⇒ 통화 구매력(통화 가치)↓
 ⇒ 경상수지 악화 ⇒ 외환 수요↑ ⇒ 환율 상승

셋째, 〈통화주의 모형 - 경직적 가격〉
통화 공급↑ ⇒ 실질통화량(실질유동성)↑ ⇒ (단기)금리↓
 ⇒ 자본 유출 ⇒ 외환 수요↑ ⇒ 환율 상승

넷째, 〈통화주의 모형 - 기술 진보〉
생산성 향상 ⇒ 실질소득↑ ⇒ 통화 수요↑ ⇒ 통화 구매력↑
⇒ 경상수지↑ ⇒ 외환 공급↑ ⇒ 환율 하락

(1) 신축가격 통화 모형

빌슨, 무사, 프랑켈 등이 제시한 환율 결정에 대한 통화주의 접근 방법에서 신축가격 통화 모형은 몇 가지의 가정을 전제로 삼고 있다. 고전학파가 가정하는 물가와 임금의 완전한 신축성, 통화 수요의 안정성, 절대적 구매력 평가설의 성립, 위험 커버되지 않은 이자율 평가설의 성립을 가정한다.

구매력 평가설이 성립되어 물가 수준이 화폐부문의 균형조건을 만족시킨다고 가정함에 따라 구매력 평가설과 화폐시장의 균형식을 이용해서 환율 결정식을 도출하면,

$$S = \frac{P}{P^*} = \frac{M}{M^*} \cdot \frac{L^*(Y^*, i^*)}{L(Y, i)}$$

이 식은 통화 공급에 대해 물가가 신속히 반응하는 경우 국내 화폐 수요의 감소를 통해 화폐가치가 하락하게 됨을 나타낸다.

이에 기초하여 가장 많이 사용하는 프랑켈의 환율 모형을 암묵적 형태로 나타내면 다음과 같다.

$$S = f\{(M - M^*), (Y - Y^*), (i - i^*)\}$$

여기서 S = 환율, M = 국내 통화량, M^* = 외국 통화량, Y = 국내 소득, Y^* = 외국 소득, i = 국내 금리, i^* = 외국 금리.

이 식에 따라 환율은 국내외 통화량 차이와 양의 관계를, 소득 차이와 음의 관계를, 이자율 차이와 양의 관계를 나타낼 것이다.

장기적으로 고전학파의 이분법과 화폐 중립성에 따라 통화량이 10% 상승한다면 명목변수로서 물가와 환율은 각각 10% 상승하지만 실질변수인 산출물은 불변이다. 그리고 화폐 공급의 증가에 따라 화폐시장에 초과 공급이 발생하면 물가 수준이 상승하여 실질 화폐 공급이 감소하든지 이자율이 감소하여 화폐 수요가 증가해서 다시 화폐시장이 균형을 이룬다. 특히, 국민소득의 증가는 경제가 호전되어 그 국가의 투자가치가 커졌음을 의미하므로 그 국가의 통화에 대한 수요가 증가하여 상대적으로 통화 공급이 과소해진다.

상기 모형에 따른 화폐 공급의 조정과 환율에 미치는 파급 경로에 대해 알아보면 아래와 같다.

첫째, 〈신축가격 통화주의 모형 – 통화량〉

통화 공급↑ ⇒ 생산물 수요↑ ⇒ 물가↑ ⇒ 통화 공급 > 통화 수요(화폐 수요↓)
⇒ 통화 구매력↓ ⇒ 수출↓, 수입↑ ⇒ 외환 공급↓, 외환 수요↑ ⇒ 환율 상승

통화 공급↓ ⇒ 생산물 수요↓ ⇒ 물가↓ ⇒ 통화 공급 < 통화 수요(화폐 수요↑)
⇒ 통화 구매력↑ ⇒ 수출↑, 수입↓ ⇒ 외환 공급↑, 외환 수요↓ ⇒ 환율 하락

둘째, 〈신축가격 통화주의 모형 – 소득〉

(실질)소득↑ ⇒ 화폐 수요↑ ⇒ 생산물 수요↓ ⇒ 물가↓ ⇒ 수출↑, 수입↓
(경상수지 흑자) ⇒ 외환 공급↑ ⇒ 환율 하락

셋째, 〈신축가격 통화주의 모형 – 금리〉

이자율↑ ⇒ 화폐 수요↓ ⇒ 생산물 수요↑ ⇒ 물가↑ ⇒ ⇒ 수출↓, 수입↑
(경상수지 적자) ⇒ 외환 수요↑ ⇒ 환율 상승

넷째, 〈신축가격 통화주의 모형 – 물가〉

국내 물가↑ ⇒ 환율 상승

외국 물가↑ ⇒ 환율 하락

참고로, 통화론적 접근 방법(신축가격 통화 모형)에서 실질소득과 이자율의 변화가 환율에 미치는 영향의 경우 전통적 환율이론(국제수지 접근 방법)과 정반대의 결과를 나타냈다. 탄력성 모형에서 (실질)소득↑ ⇒ 수입 수요↑ ⇒ 경상수지 악화 ⇒ 외환 수요↑ ⇒ 환율 상승. 그리고 먼델-플레밍 모형에서는 금리↑ ⇒ 자본 유입 ⇒ 외환 공급 ↑ ⇒ 환율 하락.

또한, 이상의 논의를 토대로 신축가격 통화주의 환율 결정 모형을 간단한 확정적 선형함수 형태로 나타내면 다음과 같다.

$$S^\wedge = M^\wedge - P^{*\wedge} - Y^\wedge$$

여기서 $S^\wedge$ = 환율 상승률, $M^\wedge$ = 통화량 증가율, $P^{*\wedge}$ = 외국 물가 상승률, $Y^\wedge$ = 소득 증가율.

이 식에 따라 환율 상승률은 국내 통화량 증가율(혹은 물가 상승률)과 양의 관계이지만 외국 물가 상승률과 국내 소득 증가율과는 음의 관계이다. 그러나 통화주의 환율 결정 모형을 실증 분석해보면 경험적 결과가 매우 약하고 예측력이 떨어지는 것으로 나타났다.

참고로, 함수관계 중에서 가장 단순하고 기본적인 것이 선형 관계이다. 선형관계란 비례적 의미이기도 하고 곱셈의 개념이기도 하며, 또 방향성을 갖는 직선의 특성을 나타내고 있다. 선형성이란 직선과 같이 일정한 기울기를 가지고서 한쪽 방향으로 지속된다는 뜻이다.

1차 함수에서는 직선이 앞뒤로 쭉 이어지는 성질을 이용해서 그 값을 예측할 수 있다. 직선의 방향 및 기울어진 경사면을 따라가면 잠시 후 얼마나 올라갈지 내려갈지를 가늠할 수 있다. 직선에서는 좌우측이든 상하로든 벗어날 수 없고, 오직 앞뒤 방향으로만 나아가야 한다. 이런 경우라면 과거에 걸어온 길 및 현재의 위치 더 나아가 앞으로 걸어갈 길을 훤하게 예측할 수 있다. 이것이 바로 선형관계가 가진 예측성이다.

특히, 선형관계에서는 어떤 수량이 변하면 거기에 비례해서 바뀐 결과가 나오게 된다. 비례관계에 있다면 어느 하나를 알고 있을 때 나머지 다른 하나도 알 수 있게 된다. 설령 정확한 비례관계가 아니더라도 대체로 비례적인 상관관계의 강도로 설명할 수 있다.

또한, 선형관계는 과거와 미래를 예측할 수 있게 해준다. 그런데 선형관계는 초기 조건이 바뀌면 그 연장선상에서 결과도 비례적으로 바뀌지만 비선형관계에서는 카오스 이론처럼 미루어 짐작하기 어려운 결과가 나타날 수가 있다.

(2) 경직가격 통화 모형

일반적으로 금융 부문의 조정 속도가 실물 부문의 조정 속도보다 더 빠르기 때문에 단기적으로 금융 부문이 외부 충격을 모두 흡수하는 과정에서 자산 가격은 기초경제 변수들의 움직임보다 훨씬 크게 움직이는 오버슈팅 현상을 보인다.

환율도 금융자산의 가격결정처럼 통화량 증감에 매우 신속하고 과도하게 반응한 후 시간이 지나면서 서서히 균형으로 회귀한다고 본다. 환율의 오버슈팅은 환율이 장기 수준보다 즉각적으로 더 많이 상승하거나 하락하였다가 변화 방향을 바꾸어 장기적 수준으로 되돌아가는 현상을 말한다.

이러한 현상에 대해 돈부시는 단기적 물가경직성과 회귀적 기대의 내생화를 도입하여 더욱 현실적인 환율의 오버슈팅 모형(경직가격 통화 모형)을 만들었다. 환율의 오버슈팅이란 환율이 장기적인 균형 환율에서 이탈되어 크게 변하는 단기적인 초과반응 현상을 의미한다.

환율동학으로서 오버슈팅 모형에서는 장기 신축가격 모형과 달리 화폐 공급이 증가한 경우 즉각적인 물가 변화를 가져오지 못하기 때문에 화폐의 수요와 공급은 국제자본시장에서 이자율을 통해 조정된다. 또한 외환시장 참가자들은 환율 변화에 대해 회귀적 기대를 한다고 가정한다.

회귀적 기대란 현재의 환율이 장기 균형 환율보다 높으면 향후 환율이 장기 균형 쪽으로 하락할 것으로 예상하고, 반대로 현재 환율이 장기 균형 환율보다 더 낮으면 앞으로 환율이 장기 균형 쪽으로 상승할 것이라고 예상하는 것이다. 나중에서 다룰 근본주의자의 환율 예측 방식이다.

특히, 통화 공급에 대해 물가가 느리게 반응하는 경우 국내외 금리 차이의 확대로 인한 자본 이동의 영향이 더 크게 작용함으로써 통화 가치의 하락을 가져온다.

아래에서는 국내 화폐 공급이 환율에 미치는 시간대별 파급 경로 및 환율의 오버슈팅에 대해 알아본다.

첫째, 〈경직가격 통화주의 모형 – 통화량〉

통화 공급↑ (t_0시점) ⇒ 실질통화량(실질유동성)↑ ⇒ (단기)금리↓ ⇒ 자본 유출
⇒ 외환 수요↑ ⇒ 환율 상승

〈단기〉

화폐 공급↑ ⇒ 금리↓ ⇒ 자본 유출 ⇒ 외환 수요↑ ⇒ 환율 급등(오버슈팅, $e_0 \rightarrow e_2$)

〈장기〉

화폐 공급↑ ⇒ 환율 급등($e_0 \rightarrow e_2$) ⇒ 물가↑ ⇒ 실질통화 공급↓ ⇒ 금리↑

⇒ 자본 유입 ⇒ 외화 공급↑ ⇒ 환율 하락(조정 과정, $e_2 \rightarrow e_{3(장기 균형 환율)}$)

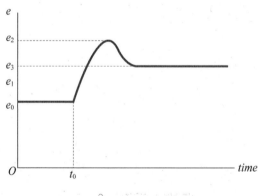

〈그림 2-1〉 환율의 오버슈팅

2.3.2 자산균형 접근 방법(포트폴리오 밸런스 접근법)

1970년대에 들어와 자본 이동이 더 활발해지면서 국제적 증권분산 투자에 초점을 둔 자산균형 접근법이 설득력을 얻었다. 현실에서의 다양한 금융자산의 수익률과 위험을 동시에 고려해 최적의 포트폴리오를 구성하고자 하는 동기와, 국내외의 각 금융자산에 대한 수요와 공급이 균형을 이루는 과정에서 환율이 결정 및 변동된다는 이론이다.

중앙은행이 경기부양 등을 위해 통화 공급을 확대할 경우 사람들은 늘어난 통화량의 일정 부분을 채권 등 금융자산으로 보유하고자 한다. 포트폴리오 밸런스 모형은 국내외 금융자산 간 불완전 대체성과 자국 채권의 보유 선호를 가정한 상태에서 투자자들이 상이한 자국 통화표시 채권과 외화표시 채권을 결합해서 분산 투자를 구성한다고 설명한다. 따라서 중앙은행이 외환시장에 개입하면 국내외 금융자산 간의 구성비율과 그 위험 프리미엄이 변함으로써 환율이 변동하게 된다.

분산 투자는 기대투자 수익을 얻을 때 투자 위험을 줄이기 위해 여러 증권에 분산 투자함으로써 개별적 위험을 완화해주는 투자 방법이다. 수익률뿐만 아니라 특정한 기업이나 시장에만 나타나는 수익률의 위험(불확실성, 변동성)을 낮추기 위해 여러 증권에 분산 투자를 하게 된다. 사람들이 국내외 금융자산을 보유함에 따라 일국의 부는 국내자산(통화와 채권)과 해외자산(채권)을 합한 것이다.

따라서 부의 조정 과정에서 환율이 결정된다. 외국 채권의 수요가 늘어나면 외환 수요의 증가로 인해 환율이 상승하고, 반대로 국내 채권의 수요가 늘어나면 외환 공급의 증가로 인해 환율은 하락한다.

포트폴리오 밸런스 접근 방법은 이득 극대화를 추구하는 국내의 투자가들이 금융시장에서 세 가지 자산을 선택할 수 있다고 가정한다. 투자가들이 선택할 수 있는 자산은 국내 통화, 국내 채권 및 외국 채권이다. 국내외 채권은 불완전한 대체재라고 가정하여 두 수익률은 다를 수가 있다.

단순한 포트폴리오 밸런스 모형의 경우에 국내 거주자가 외국 채권을 보유할 수 있는 소국경제 및 외국인은 국내 채권을 보유할 수 없다고 가정한 상태에서 국내 경제의 부는 아래와 같이 나타난다.

$$TW = M + B + S \cdot B^*$$

여기서 TW = 민간부문의 순금융자산, M = 통화 공급, B = 국내 채권액, B^* = 외화 채권액, S = 환율.

국내 및 외국 경제의 부에 대한 구성요소를 각각 수요함수 형태로 나타내면,

$$M = f(i, i^*), \ B = g(i, i^*), \ B^* = h(i, i^*)$$

여기서 i = 국내 이자율(수익률), i^* = 외국 이자율(수익률), $f()$와 $g()$와 $h()$는 함수기호이다. 따라서 통화 수요(M)는 국내외의 수익률과 음의 관계, 국내 채권 수요(B)는 국내 수익률과 양의 관계이고 외국 수익률과 음의 관계, 외국 채권 수요(B^*)는 국내 수익률과 음의 관계이고 외국 수익률과 양의 관계임을 보여준다.

본 모형은 장기 균형에서 경상수지의 균형 달성을 가정하면서 자본시장의 조정은 단기에 이루어진다고 본다. 따라서 정부 정책이나 경상수지의 불균형이 포트폴리오 투자의 의사결정에 영향을 미친다. 그 결과 환율 변동이 발생하게 된다.

이에 따른 통화당국의 정책(통화정책)이 환율의 변동에 미치는 파급 과정을 살펴보면 아래와 같다. 먼저, 통화 공급이 확대되면 사람들이 보유하는 통화량이 증가하므로 일부를 채권 등에 투자하려고 한다. 투자할 대안이 국내외의 두 채권만 존재한 경우에 화폐 공급의 증가와 감소의 경우를 살펴본다.

첫째, 〈자산균형 모형 – 화폐량〉

화폐 공급↑ ⇒ 이자율↓, 부↑ ⇒ 국내 채권 수요↓, 외화 채권 수요↑
⇒ 외환 공급↓, 외환 수요↑ ⇒ 환율 상승

화폐 공급↓ ⇒ 이자율↑, 부↓ ⇒ 국내 채권 수요↑, 외화 채권 수요↓
⇒ 외환 공급↑, 외환 수요↓ ⇒ 환율 하락

다음은, 포트폴리오 밸런스 모형이 금융시장에 초점을 두지만 여전히 경상수지가 환율 결정의 주요한 동인으로 간주하기 때문에 경상수지 흑자의 누적이나 저축 증가의 결과로 인해 국내 채권 대비 외국 채권 공급량이 증가한 경우를 살펴본다. 외국의 채권을 매각이나 매입하면 환율에 직접적인 영향을 준다.

둘째, 〈자산균형 모형 – 경상수지〉
경상수지 흑자 ⇒ 외화 채권 공급↑ ⇒ 외환 공급↑, 외환 수요↓ ⇒ 환율 하락

이제, 중앙은행의 공개시장 조작정책을 통한 확장통화정책이 환율에 미치는 경우를 살펴보면 비슷한 결과를 가져온다. 중앙은행이 시중에서 국내 채권을 매입하여 통화 공급을 증가시키면 국내 이자율은 하락하지만 본원통화 공급 증가에 따른 부의 증대 효과는 없다.

셋째, 〈자산균형 모형 – 통화정책〉
화폐 공급↑ ⇒ 이자율↓ ⇒ 국내 채권 수요↓, 외화 채권 수요↑
⇒ 외환 공급↓, 외환 수요↑ ⇒ 환율 상승

채권 공급↓ ⇒ 국내 채권수익률(이자율)↓ ⇒ 국내 채권 수요↓, 외화 채권 수요↑
⇒ 외환 공급↓, 외환 수요↑ ⇒ 환율 상승

그리고 본원통화량을 변화시키지 않는 불태화 개입정책도 환율 변동을 초래하게 된다. 다음에서 자세히 설명하기로 하자. 특히, 현실에서는 외환시장 참가자의 기대(기대 환율 변화)가 정부 정책이나 경상수지의 사건이 없더라도 포트폴리오의 신속한 조정을 가져와 환율 변동을 야기한다.

이상의 논의를 토대로 환율 변동결정식을 간단한 형태로 나타내면 다음과 같다.

$$E^\wedge = M^\wedge - B^\wedge + B^{*\wedge} - P^{*\wedge} - Y^\wedge$$

여기서 $E^\wedge$ = 환율 상승률, $M^\wedge$ = 국내 통화량 증가율, $B^\wedge$ = 국내 채권 공급증가율, $B^{*\wedge}$ = 외국 채권 공급증가율, $P^{*\wedge}$ = 외국 물가 상승률, $Y^\wedge$ = 국내 소득 증가율. 환율 상승률은 국내 통화량 증가율과 외국 채권량증가율과 양의 관계이지만 국내 채권량증가율과 외국 물가 상승률과 국내 소득 증가율과는 음의 관계이다.

이상 살펴본 포트폴리오 밸런스 모형은 자본시장의 완전대체성이라는 비현실적 가정을 극복했고, 경상수지의 불균형(무역 불균형)과 환율의 오버슈팅을 인정하여 일부 변동성을 측정해주며, 정책 당국의 공개시장 조작정책이 환율 변동에 주는 영향을 분석하는 데 유용하다.

그러나 통화주의 환율 결정 모형처럼 경험적 결과가 매우 미약하고 모형분석이 복잡해서 현실 예측이 어렵다는 단점을 지닌다. 여전히 현재 국제자본시장의 특성을 제대로 고려한 환율 결정 모형이 필요한 실정이다.

summary

2.3.3 환율 결정에 대한 여타 접근 방법

지금까지 살펴본 전형적인 환율 결정 모형은 아니지만 환율 움직임을 설명하는 데 매우 유용한 것으로 알려진 신고전학파의 이론과 접근 방법이 있다. 이는 하비(1996)가 말했는데, 외환시장이 자산시장이라는 관점이 생겨나면서, 효율적 시장가설이나 금리차익거래, 합리적 기대가설, 뉴스, 투기적 거품, 서베이 데이터, 기술적 차트기법, 카오스 등이 제시되었다.

이에 대한 자세한 설명은 다음 절과 다음 장에서 제시하기로 한다. 여기에서는 우선 자산시장에서 국제수지의 변화, 이자율 차익거래과 환위험이 커버된 이자율 평가설 및 캐리 트레이드가 환율에 미치는 영향에 대해서 살펴보기로 한다. 이를 바탕으로 삼아 다음 절에서 단기적 환율 변동에 대해 이해해보고 그리고 그 다음 장에서는 미래의 환율 예측에 대해 체계적으로 설명할 것이다.

⑴ 자산시장 접근 방법에서 국제수지 변화의 영향

자산시장 접근 방법은 자산의 구성 과정에서 수요와 공급이 변화됨에 따라 환율이 결정 및 변동된다는 이론이지만 여전히 국제무역의 영향을 받고 있다. 왜냐하면 경상수지나 국제수지의 흑자는 외국 통화와 자산의 축적 증가를, 경상수지나 국제수지의 적자는 외국 통화와 자산의 감소를 의미하기 때문이다.

또한, 환율은 무역흐름에 대한 발생 가능성(확률)에 기초한 사람들의 기대에 따라서도 변동한다. 장래에 경상수지/국제수지 흑자의 기대가 외국 통화와 자산 증가의 기대를, 경상수지/국제수지 적자의 기대가 외국 통화와 자산 감소의 기대를 유발시킨다. 외화에 대한 증가 기대는 환율의 하락을, 감소 기대로 환율 상승이 실현된다.

자산시장 접근 방법에서 경상수지/국제수지 변화 및 그 기대가 환율 변동에 미치는 방향 및 파급 과정을 정리해보면 아래와 같다.

첫째, 〈자산시장 모형 - 경상수지/국제수지〉

경상수지/국제수지 흑자 ⇒ 외국 통화·자산↑ ⇒ 외환 공급↑ ⇒ 환율 하락

경상수지/국제수지 적자 ⇒ 외국 통화·자산↓ ⇒ 외환 수요↑ ⇒ 환율 상승

둘째, 〈자산시장 모형 - 경상수지/국제수지의 기대〉

경상수지/국제수지 흑자 예상 ⇒ 기대 외국 통화·자산↑ ⇒ 외환 공급↑
⇒ 환율 하락

경상수지/국제수지 적자 예상 ⇒ 기대 외국 통화·자산↓ ⇒ 외환 수요↑
⇒ 환율 상승

그 밖에, 각 국가의 통화정책 변화는 국내외 이자율 차이의 변동을 초래한다. 금융위기가 진정된 이후 선진국과 신흥개도국 사이에는 국내외 이자율 차이를 이용한 자본이동이 다시 증가하였다. 국제자본 이동은 그 결과가 국제수지 상에 나타나게 되며 환율의 변동 요인이 된다.

(2) 금리차익 거래와 환위험 커버된 이자율 평가설

금리차익 거래란 국제적으로 금리 차이가 존재하는 경우 저금리 국가에서 고금리 국가로 단기적 자본 이동이 발생하면서 금리차익을 얻으려는 이자율재정 거래이다. 저금리 통화를 매각하고 고금리 통화를 매입하는 방법으로 이루어지며, 환위험을 헤징하기 위해 고금리 국가에서 자금 운용 기간만큼 선물환시장에서 고금리 통화를 매각하고 저금리 통화를 매입하는 스왑거래가 수반된다.

그런데 현물환은 현재 시점의 외환 가격인 반면 선물환은 미래 시점의 외환 가격을 의미하므로 선물환시장은 현재 외환시장의 기대사항을 반영하고 있다. 이 때문에 선물환율이 할인(현물환율 > 선물환율)이나 할증(현물환율 < 선물환율)이 된다. 원-달러

선물환율이 높다는 것은 장래 달러의 가치가 현재보다 더 상승할 것으로 기대되는 상황을 반영하고 있음을 의미한다.

금리가 높아진 통화는 금리가 낮은 통화에 대해 선물환 할인(디스카운트) 상태에 놓이게 되며, 반대로 금리가 낮은 통화는 금리가 높은 통화에 대해 선물환 할증(프리미엄) 상태가 된다. 왜냐하면 금리가 높다는 것은 실질금리가 동일하다고 가정할 때 기대인플레이션이 높다는 의미로, 즉 피셔방정식(실질금리 = 명목 금리 − 기대인플레이션)의 피셔효과가 성립되므로 기대인플레이션이 높은 통화의 가치는 하락하게 된다.

금융기관은 아래의 스왑레이트(스왑포인트) 지표를 활용하여 외화자금 사정을 판단하고 차익거래를 결정한다. 금융위기 등 외화자금 사정이 악화되면 스왑레이트가 급락하지만 신용경색 완화, 경상수지 흑자 등이 지속되면 스왑레이트가 상승하는 모습을 나타낸다.

스왑레이트 = 선물환율 − 현물환율

이 식은 선물환율은 시장의 수급으로 결정된 현물환율에 스왑레이트를 더해서 산출됨을 나타낸다. 정확히 말하면, 선물환율은 양국의 금리 차이를 (현물)환율로 표시한 스왑레이트를 현물환율에 더해서 산출된다. 예를 들어, 원-달러 환율이 1,000원일 때 원화 금리가 3%이고 달러화 금리가 2%이라면, 3개월물의 스왑레이트는 2.50(=1,000 × (0.03 − 0.02) × 3/12)가 되며 3개월 선물환율은 1002.5(=1,000 + 2.5)가 된다.

금리차익 거래의 시도로 인해 고금리 통화의 현물환 매입과 선물환 매도가 동시에 증가되면 현물환시세(현물환율)는 상승하고 선물환시세(선물환율)는 하락하게 된다. 현물환율과 선물환율의 차이가 양국의 단기금리 차이와 같아질 경우 균형으로서 더 이상의 금리차익 거래는 불가능해진다.

> 첫째, 〈금리차익 거래〉
> 금융기관의 외화자금 사정 악화 ⇒ 현물환 매입과 선물환 매도 ⇒ 환율 상승
> (선물환율 하락, 스왑레이트 하락)
>
> 국내외 금리 차이 = 스왑레이트 ⇒ 환율 균형
>
> 국내외 금리 차이 < 스왑레이트 ⇒ 현물환 매입과 선물환 매도 ⇒ 환율 상승
> (선물환율 하락, 스왑레이트 하락)
>
> 국내외 금리 차이 > 스왑레이트 ⇒ 현물환 매도와 선물환 매입 ⇒ 환율 하락
> (선물환율 상승, 스왑레이트 상승)

그런데 간단한 개방거시 모형에서 많이 쓰이는 환위험이 커버된 이자율 평형정리(이자율 평가설)는 수익률의 재정 거래에 따라 금리차익 거래가 불필요해진 단기 자금시장의 균형을 나타내준다. 완전한 자본 이동과 거래비용이 없음을 가정한 경우에 두 국가의 통화 간의 환위험이 제거된 균형 조건은 아래와 같다.

$$(1 + i) = (1 + i^*) \cdot (F/S)$$

여기서 i = 국내 이자율(수익률), i^* = 외국 이자율(수익률), S = 환율, F = 선물환율. 이 식은 대부(투자) 후 단위당 좌측의 국내 수취액이 우측의 환위험을 커버한 외국 수령액과 일치함을 나타낸다. 상기의 평가 조건은 약간의 수학적 조작을 거치면 간단히 아래처럼 나타낼 수 있다.

$$(i - i^*) = (F - S)/S$$

일반적으로 선물환율은 미래 현물환율에 대한 예측 값이라고 본다. 선물환계약이 장래 환율을 예측하여 현재의 약정가격으로 환율을 거래하기 때문이다. 선물환율은 미래 환율에 대한 예상을 반영하고 있다는 것이다.

선물환율이 미래 환율의 불편추정치이고 환위험 커버된 이자율 평가설이 성립되는 경우 단기적인 환율 변동은 아래와 같다.

첫째, 〈환위험 커버된 이자율 평가설〉
선물환율 상승 ⇒ 환율 상승

국내 이자율 > 외국 이자율 ⇒ 기대 환율 상승 ⇒ 선물환율 상승 ⇒ 환율 상승

상기의 환위험 커버된 이자율 평가식에서 선물프리미엄(= 선물환율 − 현물환율)이 국내외 이자율 차이와 같아야 되지만, 현실에서는 선물프리미엄이 국내외 이자율 차이와 다르고 또 선물환율이 미래 현물환율의 편의 없는 추정치가 되지 못할 수가 있다. 그래서 이것을 선물프리미엄 퍼즐이라고 부른다. 선물프리미엄 퍼즐은 이자율 평형정리가 잘 작동하지 못함을 지칭하는 것이다. 선물프리미엄 퍼즐은 위험 프리미엄의 추가적 고려가 필요함을 암시하고 있다.

다시 말해, 이자율 평가설의 이탈이 발생하는 주요한 이유로 투자가의 비합리성, 투자가의 느린 적응과 이질적 믿음, 거품 존재, 캐리 트레이드에 따른 환율의 기초경제 변수와 괴리, 위험 프리미엄 등을 들 수 있다.

(3) 캐리 트레이드(투기자의 캐리 트레이드 전략)

단기적 자본 이동의 대표적인 방식은 캐리 트레이드이다. 캐리 트레이드란 금리가 낮은 통화를 차입하여 금리가 높은 나라의 통화 등 금융상품에 투자함으로써 높은 수익을 추구하는 거래이다. 단기금융시장에서는 일본 엔화, 미국 달러화, 스위스 프랑화 등이 저금리 통화에 속하며, 호주 달러화, 멕시코 페소화 등 신흥개도국 통화들은 상당수가 고금리 통화에 해당된다. 일본 엔화나 스위스 프랑화 같은 저금리로 조달된 자금은 호주와 뉴질랜드 또는 브라질 같은 신흥시장 국가의 자산에 투자되었다.

특히, 투기자의 캐리 트레이드 전략이란 수익률이 높은 통화를 매입해서 통화가 더욱 가치 상승할 것을 기대하거나 수익률이 낮은 통화는 가치가 더 하락할 것을 기대해서 매각하는 방법이다. 이자율 평가설의 이탈, 거품의 존재 및 위험 선호 성향 때문에 캐리 트레이드가 발생하는 것이다.

캐리 트레이드의 투자 수익은 두 통화 간의 금리차익(국가 간 수익률 차익) 및 환율 변동차익으로써 투자한 고금리 통화의 환율이 절상한 경우 금리차익과 환차익을 함께 얻게 된다. 캐리 트레이드가 통상적 금리차익 거래와 구분되는 점은 캐리 트레이드는 환차익과 금리차익을 추구하지만 금리차익 거래는 환율 변동위험을 헤지하여 전체적인 금리 차이 수익을 안정적으로 확보하려고 한다. 캐리 트레이드는 조달통화에 대한 금리 상승과 이로 인한 평가절상이 발생하지 않을 것이라는 기대를 가지고서 환헤지 없이 환위험을 감수하면서 투자를 한다.

주요 국가의 통화정책 변화에 따라 선진국과 신흥개도국 간의 이자율 차이가 확대되면 캐리 트레이드 자본 이동이 증가하게 된다. 일본 엔화는 국내 금리가 0%에 가깝게 낮아서 고금리 개도국 통화에 대해 캐리 트레이드를 하기 위한 저금리 차입 통화로 많이 사용된다. 일본에서 한때는 주부들(와타나베 부인)까지 투자에 나섰지만 환율 변동이 예상과 달라져서 큰 손실을 보기도 했다.

캐리 트레이드가 단기 환율에 미치는 영향의 방향 및 파급 과정을 살펴보면 아래와 같다.

첫째, 〈캐리 트레이드〉
고수익률(가치상승) 통화 매입 ⇒ 통화 가치 추가상승 기대 ⇒ 통화 가치 급등
저수익률(가치 하락) 통화 매각 ⇒ 통화 가치 추가하락 기대 ⇒ 통화 가치 급락

둘째, 〈엔 캐리 트레이드〉
엔화 투자 조달 ⇒ 엔화 매도/ 고금리통화 매입
⇒ 엔화 절하/ 고금리통화 절상
엔화 투자자금 회수(고금리통화 표시자산 매각)
⇒ 엔화 매입/고금리통화 매도 ⇒ 엔화 절상/고금리통화 절하

　　그런데 국제적 투기자금의 급격한 유출입이 발생할 때 글로벌 메이저 통화를 사용하지 않는 개도국에서는 외환·통화위기에 직면할 수 있다. 외환·통화위기는 경상수지 적자 확대와 단기 외환유동성 부족 등으로 발생하는데 대외거래에 필요한 외환을 확보하지 못하여 국가경제에 치명적인 타격을 입게 되는 경제 위기적인 현상이다. 외국자본의 대량 유출, 화폐가치의 폭락(환율 폭등), 주가의 폭락, 금융기관의 파산, 기업의 도산이 속출하고 실업자가 증가되어 사회적 불안이 가중된다.

　　외환·통화위기를 막기 위해서는 외환보유고 확대, 주변국과 외환스왑 강화, 자국통화의 국제화 등이 필요한데, 토빈세라는 단기성 외환 거래에 대해 부과하는 세금이 고안되기도 했다. 세금이 부과되면 외환의 거래비용이 높아져서 국제자본의 급격한 유출입을 억제시켜 환율을 안정시킬 수 있다는 것이다. 토빈세는 과거에 브라질이 유일하게 도입했었다.

---

summary

2.4   단기 환율 변동 분석

 학습목표

- 기대 환율
- 뉴스 발표
- 투기적 거품
- 주변국 환율과의 동조화
- 은행의 포지션 변동
- 외환시장 개입
- 불확실성(불완전 정보)
- 외환·금융위기
- 심리와 비합리성
- 미시 구조 접근 방법

현행 변동환율제도의 가장 큰 문제점으로는 환율 변동성의 심화, 균형 환율과의 괴리, 물가 안정의 어려움 등을 들 수 있다. 환율 변동성의 심화가 단기적인 현상이라면 균형 환율과의 괴리와 물가 안정의 어려움은 장기적인 현상에 해당한다.

환율 변동성의 심화란 다른 실물변수들의 변동성보다 환율의 변동성이 과대하게 나타남을 말한다. 이는 불확실한 위험으로 이어진다.

균형 환율과의 괴리란 많은 나라들과의 관계하에서 결정된 명목환율이 한 나라의 추정된 균형 환율과의 격차가 커짐을 의미한다.

그리고 물가 안정의 어려움이란 환율 변동성이 크므로 물가도 불안하게 되고 무역수지의 적자 상태에서 긴축정책이 아닌 환율조정을 통해 해결하려고 하므로 평가절하를 빈번하게 시행하며 그 결과 물가가 지속적으로 상승하는 것을 뜻한다.

그런데 1980년대에 들어와서 환율 변동성이 확대되면서 그동안 시행되었던 거시경제 환율 결정 모형들을 보완할 필요가 커졌다. 경험적 연구들을 종합해볼 때 거시경제 환율 모형들이 불완전함에 따라 더 나은 모형을 개발할 여지가 생겼다. 중장기적인 환율 변동은 거시경제 변수들의 움직임을 통해 그 변화 방향을 어느 정도는 가늠할 수 있겠지만 단기적 환율 변동은 대부분이 거시경제 기초 변수로 설명하기가 힘들다.

다시 말해, 전통적인 환율 결정 시각에서 보면, 첫 번째로 기초거시경제 변수가 환율 결정에 대한 기본적인 요인이며, 두 번째로 환율 결정에서 중요한 것은 과거 가격에 대한 지난 정보를 사용하는 외환 거래 방식이다. 그렇지만 효율적 시장가설하에서 공적 정보 같은 과거 정보는 이미 현재 가격에 반영되었기 때문에 쓸모가 없어진다. 그렇지만 전통적인 환율 결정 방식은 단기적 환율 변동을 설명하는 데 적합하지 않을 수 있다.

그 대신 신고전학파의 여타 환율접근법, 주변국 환율과의 동조화, 은행의 포지션 변동, 정부의 외환시장 개입, 불확실성, 외환·금융위기는 단기적인 환율 변동을 설명하는 데 적합할 수 있다. 그 밖에도 행동재무학 접근법, 미시 구조적 접근법 등을 통해 단기적 환율 변동을 설명할 수 있을 것이다.

summary

2.4.1 기대 환율

환율은 주식, 부동산 가격 등 여타 자산의 가격과 마찬가지로 장래 예상에 의해 큰 영향을 받는다. 뉴스 발표 등 새로운 정보에 대한 시장 참가자들의 기대 환율 변화 및 이를 반영한 외환 거래 행태가 단기적 환율 변동에 결정적인 영향을 준다. 따라서 사람들이 예상하는 기대 환율의 변화는 실제 환율 변동을 초래한다. 사람들이 아무리 합리적이라고 해도 새로운 정보에 대한 시장 참가자들의 기대 환율 변화가 단기적인 환율 변동에 큰 영향을 미친다.

합리적 기대란 사람들이 이용 가능한 모든 정보를 사용하여 미래 자산 가격을 예측하며 그 예측치는 지속적인 오차가 없다는 것을 말한다. 합리적 기대가설은 가격이 이용 가능한 모든 정보를 반영하고 있다는 효율적 시장가설과 밀접한 관련이 있다. 전통적인 환율 모형에서는 시장 참가자들의 기대가 현재 가격에 영향을 주지 못한다. 즉, 기초거시경제 변수가 환율을 결정해준다고 가정하므로 환율을 예측하기 힘들고 기대가 전혀 환율에 영향을 미치지 못하게 된다. 그러나 사람들은 기초경제 상태에 따라 기대를 형성하기 때문에 시장 참가자들의 총체적 기대가 가격을 결정한다는 것을 믿고 있다.

만일 통화량이 영구적으로 증가하는 경우 대다수의 시장 참가자들이 환율 상승을 예상하는데 기대 환율이 상승하면 실제 외환 수요가 증가하고 외환 공급은 감소한다. 이는 외환의 매도 시기를 미루면 환율 상승 이후 외환을 더 비싸게 매도할 수 있을 것으로 기대하기 때문이다. 결과적으로 기대 환율이 상승하면 외환 수요가 증가하고 외환 공급이 감소하여 환율이 상승한다.

사람들의 기대 환율 변화에 따라 환율이 변하는 경로 및 그 방향은 다음과 같다.

첫째, 〈정보와 기대〉

새로운 정보 ⇒ 기대 환율↑ ⇒ 외환 수요↑, 외환 공급↓ ⇒ 환율 상승

새로운 정보 ⇒ 기대 환율↓ ⇒ 외환 수요↓, 외환 공급↑ ⇒ 환율 하락

　　실제로, 외환시장의 기대가 기초거시경제 변수와 상관관계가 약하며 경험적 분석에서 합리적 기대는 기대의 대리변수를 사용하는 문제가 있다. 또한, 합리적 기대를 가정하는 경우 환율 변동은 예상하지 못한 사건에 반응하여 발생한다. 이는 뉴스의 역할이 크다는 점을 나타낸다.

summary

2.4.2 뉴스 발표

통신매체 등을 통해 뉴스가 시장 참가자들에게 전달되면 기대 환율을 변화시켜서 거래 행태에 영향을 주기 때문에 결국 뉴스는 환율 변동을 초래한다. 뉴스의 역할은 새로운 정보나 기대하지 않은 사건의 발표가 사람들의 기대에 영향을 미쳐서 환율을 변동시키는 것을 말한다.

상당수의 연구에서 환율 변동의 일부가 기초거시경제 변수에 대한 뉴스 때문에 발생함을 밝혔다. 프렌켈(1981)은 합리적 기대가설이 성립된 효율적 외환시장에서 뉴스가 환율 결정에 영향을 준다고 실증 분석에서 밝혔다.

환율에 영향을 주는 뉴스는 각종 경제 관련 뉴스는 물론 정치·사회 관련 뉴스 등 그 종류가 다양하다. 통화량 증가나 경상수지 적자 등에 대한 뉴스를 듣는 경우에 대다수 시장 참가자들의 기대 환율이 상승하여 외환 수요가 증가하고 외환 공급이 감소함에 따라 환율이 즉각 상승한다.

첫째, 〈뉴스 발표〉
북한 핵 문제 뉴스 ⇒ 안전통화 기대 환율↑ ⇒ 외환 수요↑, 외환 공급↓
⇒ 환율 상승

중앙은행의 외환 매입 뉴스 ⇒ 기대 환율↑ ⇒ 외환 수요↑, 외환 공급↓
⇒ 환율 상승

환율 등 금융차산의 가격은 뉴스 발표에 빠르게 반응하여 조정되지만 생산물의 가격은 반응속도가 느려서 뉴스에 거의 영향을 받지 않는다.

그런데 금융위기 같이 불확실성이 큰 교란 시기에서 환율의 변동성이 더 커지며 중요한 뉴스에 대한 시장의 과민반응이 자주 나타나기도 한다. 과민반응은 군집행동이나 동반효과를 통해 환율의 변동성을 단기간에 확대시킨다.

2.4.3 투기적 거품

외환시장의 참가자들이 비합리적 기대는 물론 합리적 기대에 따라 행동하더라도 시장의 속성상 환율은 과도하게 변동될 수가 있다. 환율의 변동성은 뉴스 이외에 투기거품으로도 설명이 가능하다. 거품은 자기실현적 기대를 통한 투기적 거품에 초점을 맞춘 것이며 환율의 움직임이 자기실현적 예상에 의존한다는 것을 말한다.

만일 시장에서 대다수가 달러화 절상을 예상하는 경우 실제로 환율은 자기실현적으로 상승한다. 외환의 매도 시기를 미루면 환율 상승 이후 외환을 더 비싸게 매도할 수 있을 것으로 예상하기 때문이다. 또, 한국이 미국보다 더 빨리 성장해서 한국의 수입 수요가 증가할 것으로 예상하는 경우, 한국의 인플레이션이 높아지거나 노동생산성이 낮아질 것으로 예상되는 경우 원-달러 환율은 즉각 상승한다.

환율이 기초경제 변수에 따른 균형 수준으로부터 이탈될 때 이러한 이탈이 거품으로 지속되다가 거품이 꺼질 수 있다. 동반효과(밴드웨건효과) 같은 쏠림현상으로서 환율 상승/하락에 대한 기대가 자기실현적 기대에 따라 동일한 방향으로 형성되면서 외환 매입/매도 거래가 한 방향으로 집중되어 환율이 급변동하는 현상을 의미한다. 이런 과정이 지속되면 기초경제 변수들의 움직임과 관계없이 환율은 과도한 변동성을 나타내는 투기적 상품의 현상을 보인다.

첫째, 〈자기실현적 기대와 투기적 거품〉
기대 환율↑ ⇒ 자기실현적 기대 환율↑ ⇒ 외환 수요↑, 외환 공급↓
⇒ 환율 급등(⇒ 거품 붕괴로 환율 급락)

기대 환율↓ ⇒ 자기실현적 기대 환율↓ ⇒ 외환 수요↓, 외환 공급↑
⇒ 환율 급락

투기적 거품은 1980년대 초반에 미국 달러화가 기초경제 변수의 가치에 크게 벗어나서 과도하게 상승함에 따라 그 이유를 설명하기 위해 도입되었다. 그러나 투기적 거품에 대한 경험적 연구의 증거는 빈약한 실정이다.

summary

2.4.4 주변국 환율과의 동조화

한 나라의 환율은 경제구조가 비슷한 주변 인접국가의 환율 변동과 유사하게 움직이는 경향을 보인다. 이러한 주변국가의 환율과의 동조화 현상도 기대 환율을 부분적으로 반영한 것이다.

경험적으로 보면 한국 원화와 일본 엔화가 미국 달러화에 대해 강세나 약세를 함께 보이는 경우가 빈번하다. 한국과 일본이 비슷한 수출 경제구조를 가지고 미국 등 주요 시장에서 수출 가격 경쟁관계에 있으므로, 미국 달러화 대비 엔화가 절하되어 경상수지가 개선되면 한국은 대미 경상수지가 악화되면서 원화가 절하될 것이라는 시장 참가자들의 기대를 반영하여 환율이 먼저 반응하기 때문이다.

원화는 유로화와도 2004년 이후 달러화에 대해 동조화 현상을 보이고 있다. 한국과 유로 지역은 수출경쟁관계가 높지 않으므로, 미국 달러화의 강세나 약세에 따라 원화와 유로화 등이 약세나 강세의 동조화 현상을 보인다고 할 수 있다. 또한 원화와 중국 위안화의 동조화도 2010년 이후 과거에 비해 증대되고 있다.

첫째, 〈동조화〉
(미국 달러화 대비) 엔화↓ ⇒ 기대 원화↓(기대 환율↑) ⇒ 외환 수요↑,
외환 공급↓ ⇒ 원화↓(환율 상승)

(미국 달러화 강세, 달러화 대비) 유로화↓ ⇒ 기대 원화↓(기대 환율↑)
⇒ 외환 수요↑, 외환 공급↓ ⇒ 원화↓(환율 상승)

동아시아 국가에서는 중국 위안화 환율 동조화 현상도 강화되고 있다. 신흥국들이 위안화를 기준통화로 채택하고 있기 때문이다. 동행계수란 위안화가 1% 변동할 때 각국 통화가 얼마나 변동하는가를 나타내는 것인데, 예를 들어, 대략 2010 ~ 2012년 동안 한국 원화의 위안화에 대한 특정 동행계수가 1.1을 기록해 위안화가 1% 상승할 때 원화는 1.1% 상승하는 것으로 나타났다.

2.4.5 은행의 포지션 변동

외국환은행의 외환 거래에 따른 외환 포지션(= 외화 자산 − 외화 부채)의 변동이 즉각 환율 변동에 큰 영향을 준다. 국제수지 흑자의 경우 대고객거래를 통해 은행의 외환 포지션이 확대되거나 외화 유동성이 개선됨에 따른 은행 간 시장에 외환 공급이 발생함에 따라 환율이 하락한다. 반대로 국제수지 적자의 경우 대고객거래를 통한 은행의 외환 포지션이 축소됨에 따라 외환 수요가 증가하여 환율이 상승한다.

다시 말해, 단기적으로 큰 요인은 외화 포지션의 변동으로서 국제수지의 흑자나 적자가 대고객거래를 통해 은행으로 모인 결과, 은행의 외환 포지션이 매입 초과(외화 자산 > 외화 부채)나 매도 초과(외화 자산 < 외화 부채) 포지션이 발생한다. 이때 시장조성자인 은행은 은행 간 시장에서 각각 외환의 매도나 매입을 (기대)하게 되고, 그 결과 외환 공급이 증가하거나 외환 수요가 증가하면서 환율이 하락하거나 상승한다.

은행 간 외환시장과 대고객 외환시장에서는 현물환 이외에 다양한 외환파생상품이 거래된다. 은행은 수익률을 높이거나 환위험을 헤지하기 위해 선물환, 외환스왑, 통화선물, 통화스왑, 통화옵션 등의 외환파생상품을 거래한다. 또한 은행은 고객들의 환위험 헤지 수요에 대응한 거래를 이행한다. 이러한 외환파생상품은 대부분 장외거래의 형태로 이루어진다. 그리고 외환 거래의 종류에 따라 현물환포지션(= 현물 외화 자산 − 현물 외화 부채) 및 종합포지션(현물·선물 외화 자산 − 현물·선물 외화 부채)으로 구분된다.

외환파생상품거래도 외환 포지션의 변동을 통해 (현물)환율에 영향을 미친다. 외환파생상품거래가 이행된 결과로 만기일에 가서 매입 초과 포지션인 경우 환율이 상승하면 이득이지만 환율이 하락하면 손실을 입는다. 매도 초과 포지션인 경우 환율이 하락하면 이익이지만 환율이 상승하면 손해를 본다. 따라서 은행은 환위험 노출을 줄이기 위해 매입 초과 포지션이 크면 외환을 매도, 매도 초과 포지션이 크면 외환을 매입하게 된다. 주로 파생상품 시장보다는 유동성이 크고 반대거래가 용이한 현물환시장에서 이루어진다.

수출기업의 환위험 헤지를 위한 선물환거래, 역외비거주자의 차액결제선물환거래, 통화옵션 등은 환율 변동에 큰 영향을 준다. 예를 들어, 은행이 환위험을 커버하기 위해 비거주자로부터 역외선물환(NDF, 차액결제선물환)을 매입이나 매도할 거래가 늘어나면 이로 인해 환율이 변동된다. 그러나 외환스왑이나 통화스왑 거래는 외화자금장의 거래이므로 환율 변동에 영향을 주기보다는 스왑레이트나 통화스왑금리에 영향을 미칠 것이다.

첫째, 〈은행의 외환 포지션 변경〉
외환 포지션↑ (매입 초과) ⇒ (기대)외환 매도 ⇒ 외환 공급↑ ⇒ 환율 하락

외환 포지션↓ (매도 초과) ⇒ (기대)외환 매입 ⇒ 외환 수요↑ ⇒ 환율 상승

둘째, 〈은행의 파생상품 매매〉
역외선물환 매입 ⇒ 매입 초과 포지션 ⇒ 외환 매도 ⇒ 외환 공급↑ ⇒ 환율 하락

역외선물환 매도 ⇒ 매도 초과 포지션 ⇒ 외환 매입 ⇒ 외환 수요↑ ⇒ 환율 상승

개별 금융기관의 환위험 노출 정도가 심각할 경우 금융시장과 금융제도 및 경제 전반의 안정성에 문제를 야기할 수 있다. 따라서 각국은 환위험을 방지하고 금융건전성을 확보하기 위해 외환 포지션의 한도를 일정한 범위 이내로 규제하고 있다.

2.4.6 외환시장 개입

정부와 중앙은행이 협의하에 공동으로 또는 중앙은행이 환율 안정이나 적정 환율 수준을 유지할 목적으로 외환을 매매하는 행위를 외환시장 개입이라 한다. 외환 당국(정부와 중앙은행)이 은행 간 외환시장에서 자국 통화를 대가로 미국 달러화 등의 외화 자산을 사고파는 것을 말한다. 환율 안정이나 적정 환율(균형 환율)을 달성하려고 하는 이유는 환율의 급등락이 실물경제를 교란시켜 경제적 손실을 초래하기 때문이다. 그런데 외환시장의 단기적 개입은 환율의 단기적인 변동에 큰 영향을 미친다.

변동환율제도하에서 환율이 외환시장의 수요와 공급에 의해 결정 및 변동되므로 원칙적으로 외환 당국은 외환시장에 개입하지 않는다. 하지만 환투기 공격이나 위기 전염 같은 외부 충격 등으로 환율의 변동성이 과도하거나 외환시장의 불안정성이 커지는 경우 시장에 개입하여 안정을 도모하기도 한다. 단기적인 환율 변동성을 축소하기 위한 대응 개입은 스무딩 오퍼레이션이라 하고, 그 밖에 목표 환율(균형 환율)의 달성, 외환보유액의 확대, 공조개입을 통한 개입효과의 극대화 등을 위한 외환시장 개입이 있다.

중국의 경우 2015년부터 외환제도를 개혁하면서 원-달러 환율이 중국 위안화의 움직임에 큰 영향을 받기 시작했다. 중국은 달러화 인덱스의 변화에 따라 시장에 개입한다. 달러화 인덱스가 하락할 때 시장에 매도세로 개입하여 위안화를 절상시키고 달러화 인덱스가 상승할 때는 위안화가 약세로 전환되기 때문에 시장에 개입하지 않는다.

그런데 외환보유액은 정부나 중앙은행이 국제수지 흑자 등으로 늘어난 시중 외환을 매입하면서 증가하게 된다. 미국을 제외한 대부분의 국가들은 위기가 발생하면 개입 재원으로 사용할 외환보유액을 보유하고 있다. 외환보유액은 시장의 충격에 대한 안전판 역할, 시장의 안정성 유지로 국가신인도를 높이는 역할 등을 해준다. 외환시장 개입이 환율에 미치는 파급 경로는 아래와 같다.

첫째, 〈정부의 외환시장 개입〉
(환율 급락 경우) 외환 매입 개입 ⇒ 외환보유액↑(외환 수요↑, 외환 공급↓),
통화량↑ ⇒ 환율 상승(환율 하락 압력 완화)

> (환율 급등 경우) 외환 매도 개입 ⇒ 외환보유액↓(외환 수요↓, 외환 공급↑),
> 통화량↓ ⇒ 환율 하락(환율 상승 압력 완화)

　　외환 당국의 정책에 대한 참가자들의 신뢰도가 높다면 사람들이 정책 추진의 방향으로 외환 매매에 참가하므로 시장 개입의 환율 효과가 더욱 커질 것이다. 경우에 따라서 시장 개입의 환율 효과가 높다면 구두 개입만으로도 환율 변동성을 완화시킬 수 있을 것이다.

　　IMF는 회원국들의 환율정책을 감시하고 있지만 일시적 교란으로 환율이 급변동하는 경우 완화를 위한 개입은 용인해주기도 한다. 외환시장 개입의 형태는 매입과 매도, 단독과 공조(타국과 공동 개입), 공개와 비밀, 실제와 구두(실제 매매 없는 개입성 구두 발언), 태화와 불태화(개입 결과에 따른 통화량 변동을 상쇄) 등의 개입으로 분류할 수 있다.

　　그리고 신호를 통해 경제의 진행방향을 유도하는 신호 효과는 중앙은행의 내부 정보 보유와 정책집행 일관성이 있을 때 확실히 나타날 것이다. 외환시장의 개입에서 신호 효과는 중앙은행의 미래 통화정책에 대한 사람들의 기대를 변화시켜 환율 변동에 영향을 주는 것을 말한다. 그 파급 경로는 아래와 같다.

> 둘째, 〈외환시장 개입의 신호 효과〉
> (환율 급락 경우) 외환 매입 개입 ⇒ 기대 통화 공급↑ ⇒ 기대 환율 상승
> ⇒ 외환 수요↑, 외환 공급↓ ⇒ 환율 상승

　　외환시장 개입은 통화량 관리 및 통화정책 수행에 영향을 주기 때문에 불태화를 통해 그 영향을 상쇄하는 경우가 일반적이라고 한다. 불태화 외환시장 개입의 경우 외환 매매의 반대급부로 통화매매가 발생하여 통화정책과 상반된 방향으로 변동된 통화량을 상쇄시켜준다. 이때 중앙은행은 통화안정증권과 공개시장 조작을 이용하여 통화량을 조절한다.

그렇지만 불태화 시장 개입의 환율 효과를 반대하는 입장에서는 통화량 변동으로 환율 효과가 제한적으로 나타남 등을 지적하고 있다. 그 파급 경로는 아래와 같다.

> 셋째, ⟨불태화 외환시장 개입⟩
> (환율 급락 경우) 불태화 외환 매입 개입 ⇒ 외환보유액↑(외환 공급↓), 금리↑
> ⇒ (자본 유입) 외환 공급↑ ⇒ 일시적/약한 환율 상승

반면 불태화 시장 개입의 환율 효과에 대한 옹호자는 시장 개입이 포트폴리오 밸런스 접근법의 효과를 초래해서 환율에 영향을 준다고 본다. 포트폴리오 밸런스 효과란 시장 개입이 국내외 두 자산 간의 구성비율과 위험 프리미엄의 변화를 가져와서 환율에 영향을 미치는 것이다. 그 파급 경로는 아래와 같다.

> 넷째, ⟨불태화 외환시장 개입⟩
> (환율 급락 경우) 불태화 외환 매입 개입 ⇒ 외환보유액↑(외환 공급↓),
> 외화 자산 < 국내 자산 ⇒ 국내 자산 위험 프리미엄↑ ⇒ 외환 수요↑ ⇒ 환율 상승

외환시장 개입은 대부분 현물환율의 안정을 목적으로 삼고 현물환시장을 대상으로 한다. 가끔 선물환, 옵션 등의 시장에 개입하여 현물환율에 간접 영향을 주기도 한다. 그러나 한국을 비롯한 대다수 국가들은 외환시장 개입 자료를 공개하지 않고 있다. 또한 외환시장 개입은 금융위기 상황에서 중앙은행이 최종 대부자의 역할을 다하기 위해 외화자금 시장에 외화 유동성을 공급해주는 경우와 다름도 구별해야 한다.

2.4.7 불확실성(불완전 정보)

고전적 경제학의 투자 관점에서는 두 가지 전제를 기본으로 한다. 하나는 사람들이 감정에 치우치지 않고 합리적으로 행동한다는 것이며, 다른 하나는 모든 관련 정보는 알려졌다는 점이다.

그러나 사람들이 주어진 제약하에서 이득 극대화를 추구할 수 있다는 이 논리에 대해 현대 새고전학파는 불확실성하 불완전 정보하에서의 합리적인 선택을 간과했으므로 이를 반영해야 한다고 주장하였다. 불완전 정보하에서의 합리적인 선택이란 주관적 제약인 소득 수준 등이 사람마다 다른데 불확실한 현실에서 각자 주관적인 제약에 따라 이득 극대화를 추구한다는 것이다.

불확실성하 불완전 정보에서 미국 달러화 등 외화가치가 상승하는 경우 대부분의 사람들은 위험 기피자로서 달러화를 매각할 것이다. 위험 기피자는 추가적인 이득보다 추가적 손실을 더 크게 보거나 미래가치보다 현재가치를 더 중요시하는 특성을 가졌기 때문이다. 기대 환율이 상승하든 하락하던지 상관없이 현재 환율을 바탕으로 행동하므로 현행가격이 높을 때 팔고 낮을 때 산다는 논리로 증명되고 있다.

> 첫째, 〈위험 기피자〉
> 환율↑ ⇒ 외환 매도 ⇒ 외환 수요↓, 외환 공급↑ ⇒ 환율 하락
>
> 환율↓ ⇒ 환매입 ⇒ 외환 수요↑, 외환 공급↓ ⇒ 환율 상승

한계효용체감의 법칙 때문에 단위 재산의 증가로부터 얻는 추가효용은 줄어들지만 단위 재산 감소로 잃는 추가효용은 늘어나기 때문에 사람들은 위험을 기피하는 경향이 있다고 할 수 있다.

이와 달리, 소수의 환투기자는 위험 선호자로서 미국 달러화 등 외화가치가 상승하는 경우 달러화를 매각할 수도 매입할 수도 있다. 위험 선호자는 위험 선호의 크기뿐만 아니라 미래 기댓값이 현재 값보다 큰 가치를 지닌다는 특성을 가져서 현행 환율보다 미래 기대 환율이 의사결정에 더 큰 영향을 미치게 된다. 이에 대해서는 환투기가 환율을 안정적으로 복귀하게 한다고 주장하는 프리드먼과 환율을 불안정하게 만든다고 주장하는 보몰의 논쟁이 70년대에 있었다.

둘째, 〈위험 선호자〉

환율↑ ⇒ 환투기 매도 ⇒ 외환 수요↓, 외환 공급↑ ⇒ 환율 하락

환율↑ ⇒ 환투기 매입 ⇒ 외환 수요↑, 외환 공급↓ ⇒ 환율 급등

새고전학파의 합리적 선택과 합리적 기대에 의하면 미래에 대해 불확실성이 존재하는 경우 사람들은 이성적·합리적인 기대를 형성할 수 있을 뿐이다. 합리적 기대 형성이란 이용할 수 있는 모든 정보를 활용하여 기대를 하는 것이다. 따라서 시세가치가 하락할 것으로 예상되는 화폐는 매각하고 가치가 상승할 것으로 예측되는 화폐는 매입하면서 환율 변동이 이루어진다.

셋째, 〈합리적 기대〉

기대 환율↑ ⇒ 외환 수요↑, 외환 공급↓ ⇒ 환율 상승

2.4.8 외환 · 금융위기

한 나라가 기초경제 여건 악화, 환투기 공격, 위기 전염 등으로 인해 외환위기나 금융위기를 겪는 경우 환율이 비정상적으로 크게 상승하거나 변동성이 크게 확대된다. 국제금융시장의 불확실성 증대로 인해 참가자의 위험 회피 성향이 커지고 군집행동 등의 비합리적 거래 행태가 확산되기 때문이다. 한국의 1997년도 외환위기, 미국발 금융위기 등에서 신흥개도국 통화의 환율 변동성이 크게 확대됐다.

외환위기란 경상수지 적자의 지속이나 투기적 공격 등으로 해당국 통화의 가치가 급락하고 외환보유고가 고갈되어 지급불능 정도로 외환이 결핍된 현상을 말한다. 외환위기는 국제통화를 보유하지 못한 개도국에서 주로 발생되며, 금융시장이나 금융기관의 외화 유동성 악화로 인해 금융위기나 은행위기가 동시에 발생되기도 한다. 외환 · 금융위기의 발생 원인은 그동안의 경험으로 보면 기초경제 여건 악화, 환투기 공격, 위기 전염, 글로벌 유동성 부족 등이 있다.

외환위기나 금융위기에서 환율이 급등하는 이유는 참가자들의 위험 회피 성향이 커지면서 해당국 통화에 대한 위험 프리미엄(위험에 대가)이 높아지기 때문이다. 위험 프리미엄이 높아진다는 것은 환율 상승 등을 통해 채무불이행, 유동성 부족 등의 위험에 대한 대가를 요구한다는 것을 의미하므로 환율 급등의 요인이 된다. 또한 위험 프리미엄이 높아지면 미국 달러화 표시 자산 등 안전자산에 대한 수요가 급증하고 신흥개도국 통화 표시 자산에 대한 수요는 급감하면서 신흥개도국에서는 급격한 자본 유출이 이루어진다.

첫째, 〈개도국 외환 · 금융위기〉
외환위기 ⇒ 위험 회피↑, 위험 프리미엄↑ ⇒ 안전자산 선호↑, 급격한 자본 유출
⇒ 외환 수요↑, 외환 공급↓ ⇒ 환율 급등

참고로, 미국 달러화 등의 메이저 통화를 보유한 주요 선진국은 자국 통화가 국제 통화이기 때문에 외환이 크게 부족한 외환위기를 겪지는 않는다. 하지만 자금과 신용이 크게 부족해진 금융위기는 직면하기도 한다. 보통 메이저 통화는 G8 통화(AUD, CAD, CHF, EUR, GBP, JPY, SEK, USD)를 가리킨다.

summary

2.4.9 심리와 비합리성

환율에 영향을 미치는 요소는 많지만 시장 참가자들의 태도나 심리도 외환 거래와 환율 변동에 영향을 미친다. 행동재무학 접근 방법에서는 자산 가격의 변동에 영향을 주는 사람들의 비합리적인 심리적 요인을 시장심리라고 부른다.

만일 외환시장에 대한 불안 심리가 작용하면 외환 거래량이 줄어들고 환율의 급등락 현상이 빈발하게 발생한다. 투자가의 투기 심리가 불안할수록 시장의 방향성은 더욱 불투명해지며 비합리성 때문에 환율이 급등락 되는 현상이 한동안 지속되기도 한다.

위기상황에서 환율이 급등하는 경우는 시장 참가자들의 군집행동으로 쏠림현상 등이 확산됨에 따라 환율 급등이나 환율 변동성이 더 크게 확대된다. 군집행동(집단적 동조화 경향)이란 공통된 사건이나 충격에 대해 군중이 집단적으로 반응하는 행동을 말한다. 금융시장에서 자산 가격의 변동성이 높은 이유는 군집행동으로 쏠림현상 등이 나타나기 때문이다. 최근 행동경제학 분야에서 군집행동에 대한 연구가 활발하게 진행되고 있다.

첫째, 〈시장심리〉
불안한 시장심리 ⇒ 외환 거래↓ ⇒ 외환 수요↓, 외환 공급↓ ⇒ 환율 급등락

둘째, 〈군집행동〉
환율↑ ⇒ 쏠림현상 ⇒ 외환 수요↑, 외환 공급↓ ⇒ 환율 급등

환율↓ ⇒ 쏠림현상 ⇒ 외환 수요↓, 외환 공급↑ ⇒ 환율 급락

행동경제학은 합리적 경제인을 전제로 삼는 주류 경제학에는 한계가 있다고 주장한다. 사람들은 제한적으로 합리적이고 감정적인 선택을 하는 경우가 있기 때문이다. 비합리성은 심리학적 가정을 포함시킨 경제적 의사결정으로서 개인의 제한된 합리적 행동, 자기통제 결여의 결과 같은 비이성적인 특성이 개개인의 의사결정과 시장 성과에 영향을 미치는 것이다. 카너먼에 따르면 인간 심리의 근저에는 지나친 낙관주의와 자신

감, 불확실성의 무시, 손실에 대한 두려움 등이 존재하는데 이러한 비합리성이 투자에 그대로 적용된다고 보았다. 이와 함께 군중심리와 투기적 광기 같은 비합리성에 의해서도 환율의 급격한 변동이 발생하기도 한다.

실러 등의 행동경제학자들은 파머의 효율적 시장가설에 이의를 제기한다. 금융시장에서 투자가들이 모두 합리적이고 효율적으로 투자결정을 하기는 어렵다고 주장한다. 인간 인지의 한계나 심리학적 요소들이 가격에 영향을 주기 때문에 시장이 완벽하게 효율적일 수 없다는 것이다. 이에 따라 금융시장에서 초과 수익의 원천이 효율적 시장가설에 따른 위험에 대한 보상인지 행동경제학에 따른 비합리성이 만든 현상인지에 대한 논의는 계속되고 있다.

이는 합리적 사람들이라는 경제학의 전제 가정이 오류라는 말은 아니다. 세일러는 인간은 불완전하고 의사결정에서는 실수와 오류가 나타나지만 선택적 설계에 약간의 변화만 주면 비합리성이 제거되어 더 나은 합리성 방향으로 나아갈 수 있다고 강조한다.

summary

2.4.10 미시 구조 접근 방법

단기적인 환율 변동은 거시경제 변수로는 설명하기가 어렵다. 새로운 정보에 대한 시장 참가자들의 기대 환율 형성이 환율 결정에 영향을 미치기 때문이다. 최근에 시장의 미시적 정보를 통해 참가자들의 거래 행태를 분석하여 환율 변동을 설명하려는 미시 구조 접근법이 중시되었다.

단기적으로 환율이 변동하는 이유를 시장 참가자들 간의 비대칭 정보 효과와 재고 통제 효과로 설명할 수 있다. 즉, 뉴스 등 새로운 정보에 대한 환율기대가 형성되지 않아도 일별이나 일중 환율 변동이 발생하는 이유를 정보의 비대칭성과 재고의 통제에서 찾을 수 있다.

하나, 정보를 잘 아는 쪽과 부족한 쪽이 외환 거래를 할 때 비대칭적 정보로 인해 환율 변동이 초래된다는 것이다. 비대칭 정보의 효과란 한 거래자가 더 많은 정보를 가진 상대방과 외환 거래에서 자신을 보호하기 위해 가격견적 및 주문을 조정한다는 것이다.

주문 흐름이란 외환시장에서 참가자의 거래 행태에 따라 체결된 매수 주문 흐름에서 매도 주문 흐름을 차감한 유량 척도이다. 주문 흐름(= 매수자주도 주문 흐름 − 매도자주도 주문 흐름)이 양수이면 딜러(은행)들이 매수 우위를 보이므로 환율 상승을 기대하고 있음을 의미한다. 반대로 주문 흐름이 음수이면 매도 우위를 보이므로 환율 하락을 기대하고 있음을 알 수 있다.

주문 흐름은 기초경제 변수 등의 공개정보 및 고객들의 사적 정보를 토대로 이루어지므로 주문 흐름이 환율 결정에 영향을 준다는 것이다. 고객들이 외환을 매도하면 딜러는 환율의 가치가 현재 환율 가격보다 낮다고 판단하고, 고객들이 외환을 매입하면 환율의 가치가 현재 환율 가격보다 높다고 추측함에 따라 판매자에 비해 구매자에게 더 높은 환율 가격을 부과시키면서 매도 환율 - 매입 환율 스프레드를 만든다.

> **첫째, 〈은행 딜러의 주문〉**
>
> 주문 흐름 양수 ⇒ 외환 수요↑, 외환 공급↓ ⇒ 환율 상승
>
> 주문 흐름 음수 ⇒ 외환 수요↓, 외환 공급↑ ⇒ 환율 하락

다른 하나는 각 외화에 대한 포지션의 균형을 맞추기 위한 재고 통제로 인해 환율 변동이 발생된다는 것이다. 재고 통제 효과란 매일 마감 시 거래자가 자신의 외환 재고 포지션을 균형으로 맞추는데 이를 위해 재고 변화에 대응하면서 견적 가격을 조정한다는 것이다. 이처럼 은행이 보유한 외환 재고의 불균형이 환율 변동을 초래하는 것이다.

> **둘째, 〈은행 딜러의 외환 재고 조정〉**
>
> 초과 외환 재고 포지션 ⇒ 공급 초과 ⇒ 외환 공급↑ ⇒ 환율 하락
>
> 과소 외환 재고 포지션 ⇒ 수요 초과 ⇒ 외환 수요↑ ⇒ 환율 상승

미시 구조 접근법은 외환시장에서 주문 흐름, 외환 재고량, 매도 환율과 매수환율 스프레드, 환율 변동성 등의 미시적 통계정보를 이용하여 딜러의 외환 거래 행태를 분석함으로써 환율 변동을 더 잘 이해하려고 하고 있다.

예를 들어, 일중거래의 환율 변동은 시장 참가자들의 상호작용 방식에 의해 결정될 것이므로 차트 분석 등의 기술적 분석이 활용될 것이고, 이는 장기적 펀더멘털 분석을 보완한다고 할 수 있다. 기술적 분석이란 환율 가격 자체가 가진 경험적인 특성을 추세선, 이동평균, 가격변동 패턴 등의 기술적 방법을 활용하여 단기적으로 시장의 수요와 공급 상황을 파악하는 방법이다.

CHAPTER

3

환율 변동의 예측

3.1   환율 예측 방법론

 학습목표

- 효율적 시장가설 모형
- 거시적 기초경제 변수 모형
  (1) 시장균형관계를 이용한 환율 예측
      – 구매력 평가이론
      – 이자율 평가이론
  (2) 환율 모형을 이용한 환율 예측
      – 먼델–플레밍 모형
      – 신축가격 통화주의 모형
      – 경직가격 통화주의 모형
      – 포트폴리오 밸런스 모형
- 대안적 분석 모형
  (1) 미시 구조적 모형
  (2) 후기 케인스학파 모형
  (3) 행동재무학 모형
  (4) 카오스 이론 모형
- 기술적 분석 모형
  (1) 기술적 분석 모형
  (2) 근본주의자와 중도적 환율 예측 모형

환율 예측이 장기적 투자와 자금조달 계획 및 환위험 관리를 위해 필수적이라는 점에서 환율 예측의 중요성을 찾아볼 수 있다. 환율 변화를 잘 예측할 수가 있다면 투자결정 및 환위험 관리를 최적화할 수 있다. 따라서 다양한 환율 예측 기법들이 개발되어왔다. 그러나 최적 모형을 말하기가 어려울 정도로 환율은 예측하기가 힘들다.

오늘날 글로벌 대기업들은 복잡한 환율 예측 기법을 개발하고 그 예측치를 메이저 은행과 전문가들이 제공한 환율 예측치와 비교하기도 한다. 은행은 또한 중소기업들이 환위험 최소화 전략을 개발하도록 중소기업의 환율 예측을 도와주기도 한다.

그런데 시장에서 가격이 이용 가능한 모든 정보를 반영하고 있을 때 효율적이라고 한다. 시장이 효율적인 경우에만 가격 혹은 가격질서가 다양한 자원의 희소가치를 정확히 반영시켜 희소한 자원이 최적으로 배분되기 때문이다. 만약 어떤 상품의 가격이 소비자들의 평가가치보다 높다면 이 상품의 생산에 과대 자원이 투입되어 자원의 낭비를, 상품 가격이 평가가치보다 낮다면 이 상품의 생산에 과소 자원이 투입돼 생산이 감소하는 비용을 치르게 된다. 이 때문에 시장의 효율성에 대한 검증이 중요하고 정형화하기는 어렵다.

시장의 효율성가설을 믿는 사람들은 가격에는 모든 정보가 반영되어 있기 때문에 선물환율이 바로 미래 환율에 대한 편의 없는 예측치라고 생각한다. 또 외환시장은 효율적이므로 환율 예측은 불가능하다고 본다. 그러나 효율적 시장가설을 믿지 않는 사람들은 가격에는 모든 정보가 반영되어 있지 않기 때문에 선물환율이 미래 환율에 대한 편의 예측치라고 본다. 그래서 환율 예측 기법에 따른 투자가 초과 수익을 가져다주는 경우가 흔하고 환율 예측이 환율 움직임을 잘 설명하기도 한다는 것이다.

환율 예측을 위한 접근 방법은 계량경제학적 모형을 개발해 예측하는 기초적 분석과 과거의 경향을 바탕으로 예측하는 기술적 분석으로 나눌 수 있다. 회귀 분석 및 시계열 분석을 하는 주된 목적 중 하나는 과거와 현재의 자료를 근거로 미래를 정확히 예측하는 것이다. 특히, 기초적 분석법이란 이론 체계를 기반으로 거시기초경제 변수들과 환율 간의 관계를 이용해 예측하는 방법이다. 기술적 분석법은 과거 환율 변화의 추세적 특징을 이용하거나 환율의 최근 움직임을 조사해서 환율을 예측하는 방법이다.

1970년대 초반에 현행 변동환율제도를 채택한 이래 장래 환율 변동을 예측하려는 수많은 시도가 있었지만 정형화된 모형을 제시하기가 어려웠다. 환율 예측 모형의 분류 방식도 합의되지 않았다. 따라서 대부분의 연구에서 분류하는 방식에 따라 효율적 시장가설 모형, 거시적 기초경제 변수 모형, 대안적 분석 모형, 기술적 분석 모형으로 구분하여 환율 예측이론의 진화된 내용과 특징 및 장단점에 대해 살펴보기로 한다.[2] 특히, 기술적 분석에서는 환율 예측에 대한 기술주의자의 예측과 근본주의자의 예측을 비교하면서 설명하기로 한다.

---

2 환율 예측이론의 분류는 매서린스키엔과 밸시우나스(2013) 등의 설명을 토대로 이루어짐.

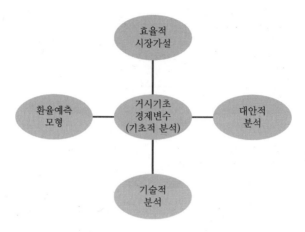

<그림 3-1> 환율 예측 모형의 분류

3.1.1 효율적 시장가설 모형

합리적 기대 효율적 시장가설 모형은 1970년대 이후 자산 가격과 환율의 움직임을 설명하는 대표적 이론이었다. 새고전학파는, 새케인스학파와 공통적으로, 미래에 대한 불확실성 때문에 장래에 대해 예측을 해야만 하는 상황에 직면할 때 합리적 기대를 가정하고서 미시적 기초하에 거시경제이론을 전개했다. 무스가 처음으로 합리적 기대를 제시했는데, 합리적 기대는 현재 이용 가능한 모든 관련정보를 활용하고 경제주체가 상정한 경제 모형의 구조에 의존해서 형성되므로 체계적인 오류를 범하지 않는다는 것이다.

효율적 시장가설 모형은 자산 가격이나 환율의 변동이 기초 거시경제 변수(산출량 성장, 인플레이션, 이자율 등)에 대한 뉴스 때문에 발생할 수 있고, 환율을 포함한 자산 가격이 기초 거시경제 변수와 안정된 관계를 형성하고 있다고 전제한다. 특히, 시장에 참가한 사람들은 자산 가격의 변동에 영향을 미치는 모든 정보를 가지고서 효용 극대화를 추구하는 거래를 한다고 가정하고 있다.

그런데 외환시장의 효율성이란 모든 정보가 환율 가격에 완전히 반영되는 것을 의미한다. 시장이 비효율적이면 유용한 정보를 입수하여 추가 수익을 얻을 수 있지만 시장이 효율적이면 초과 수익은 평균적으로 영이 된다. 즉, 외환시장이 효율적이라면 환율이 투자에 유익한 시장의 모든 정보를 반영하고 있으므로 시장 참가자들은 추가적 정보를 활용해서 초과 수익을 얻을 수 없다.

$$E[R_{t+1} = S_{t+1} - S_t] = 0$$

여기서 $E[\ ]$ = 위험 중립적 참가자의 합리적 기대 기호, R_{t+1} = 장래 t + 1기의 투자 수익률, S_{t+1} = t + 1기의 환율, S_t = 현재 t기의 환율. 상기 식은 효율적 시장가설 이 성립할 때 초과 수익이 영임을 나타내준다.

효율적 외환시장에서의 환율 움직임은 무작위 행보를 나타낸다. 환율의 변화분이 영 주위에 무작위로 흩어져 있어서 환율 변화분의 기댓값은 영이 된다. 환율 변화율이 무작위 행보를 따르므로 초과 수익은 영이 된다.

그런데 효율적 시장에서 모든 정보가 환율에 반영되어 있기 때문에 환율은 새로운 정보가 발표될 때만 변동될 것이다. 그러나 아무도 새로운 정보가 무엇인지 언제 발표되 는지 알지 못하기 때문에 환율 변동을 예측할 수가 없다. 효율적 외환시장에서는 환율 예측이 불가능하기 때문에 환율 예측은 무작위 행보(임의보행 모형)와 별 차이가 없다.

$$S_{t+1} = S_t + \varepsilon_t \quad \text{혹은}$$
$$E(S_{t+1}) = E(S_t) + E(\varepsilon_t) = S_t$$

여기서 S_{t+1} = 미래 t + 1기의 환율, S_t = 현재 t기의 환율, ε_t = 기댓값이 0이고 분산 이 σ^2인 t기의 오차항. 상기 식은 효율적 시장가설이 성립할 때 현물환율(예측)이 무작위 행보를 나타냄을 보여준다.

만일, 원-달러화 환율의 경우 미래 t + 1기의 예상 환율이 현재 t기의 환율보다 더 높다면, 즉 $E(S_{t+1})$ > St이면 사람들은 현재 t기에서 원화를 주고 달러화를 구입함에 따 라 현재 환율 S_t가 상승하게 된다. 반대로 미래의 예상 환율이 현재 환율보다 낮다면 사 람들이 달러화를 매각함에 따라 현재 환율이 하락하게 된다. 이에 따라 $E(S_{t+1})$ = S_t 상황에서 현재 환율 S_t가 결정되며 확정된 매매 차익은 발생하지 않는다. 이는 효율적 시장가설로 알려져 있다.

현실에서는 내부 정보가 모든 사람들에게 입수되지 않기 때문에 내부 정보를 가진 투자가는 초과 수익을 얻을 수 있다. 이에 따라 외환시장에서는 보통 파머의 약형 효율성과 중강형 효율성으로 효율성 여부를 판정한다. 파머의 세 가지 효율성 가운데 약형 효율성은 현재 환율이 과거의 환율에 포함된 모든 정보를 반영하고 있다는 것이며, 중강형 효율성은 현재 환율이 과거 환율 및 공개된 정보를 모두 반영한다는 것이다. 반면 강형 효율성은 현재 환율이 과거 환율, 공개 정보, 내부 정보 등 모든 정보를 반영하고 있다는 개념이다.

다음은 임의보행 모형을 이용한 환율 예측에 대해 알아보자. 효율적 외환시장에서 $E_t(S_{t+1}) = S_t$가 성립하므로 미래 환율에 대한 최적의 예측치는 조건부 기댓값이므로 현재 환율 S_t이 된다. 더 나아가 $T > 1$에서도 $E_t(S_{t+T}) = S_t$가 성립하므로 T기 후의 환율에 대한 최적의 예측치도 현재 환율이다. 이때 환율 예측 오차는 다음과 같다.

$$[S_{t+T} - E_t(S_{t+T}) = \varepsilon_t + \varepsilon_{t+1} + \cdots + \varepsilon_{T-1}]$$

그러면 예측 오차의 평균은 0이지만 예측 오차의 분산은 예측 기간과 오차항 분산의 곱으로서 $(T \cdot \sigma_2)$이다. 예측 기간이 길어질수록 예측 오차가 증가함을 나타낸다.

미래 예측은 점 예측과 구간 예측으로 구분되는데 구간 예측은 하나의 예측 값에 대해 일정한 확률 범위 내에서 정해진 상한과 하한에 의한 예측 구간을 이용하여 환율의 예측 구간을 간단히 나타내는 방법이다.

정규분포를 가정하고 환율의 구간 예측을 하는 경우 미래 환율(S_{t+T})은 일정한 신뢰 수준($1 - \alpha$)에서 다음 구간에 있다고 어림잡아 예측할 수 있다. S_{t+T}의 신뢰 구간 추정량은 $[(S_t - Z_{\alpha/2} \cdot \sqrt{T} \cdot \sigma), (S_t + Z_{\alpha/2} \cdot \sqrt{T} \cdot \sigma)]$이다. 신뢰 수준($1 - \alpha$) = 95%라면, 유의 수준($\alpha$) = 5%, $\alpha/2$ = 2.5%, 양측 임계값($Z_{\alpha/2} = Z_{0.025}$) = 1.96이다.

예를 들어 현재의 원-달러화 환율(S_t)이 1,000원, 월별 환율의 표준편차(σ)를 대신할 표본 표준편차가 10인 경우 4개월 이후(T = 4) 환율의 95% 신뢰 수준에서 예측 구간은 $[1000 - 1.96 \cdot \sqrt{4} \cdot 10, 1000 + 1.96 \cdot \sqrt{4} \cdot 10] = [960.8, 1{,}039.2]$이다.

　　효율적 외환시장이 성립하는 경우 단기 환율 예측이 형성되는 경로 및 그 방향은 다음과 같다. 즉, 현재 환율을 미래 환율의 예측치로 사용하며, 입수된 내부 정보에 따라 미래 환율의 상승이나 하락을 예측한다.

첫째, 〈효율적 시장〉
현재 환율 ⇒ 현재 환율 = 미래 예측 환율
내부 정보 입수 ⇒ 환율 등락 예측

　　그러나 경험적 검증 결과, 외환시장은 종종 비효율적이어서 초과 수익이 상당 기간 지속적으로 나타나기도 하고 환율 결정 모형이 무작위 행보 모형보다 더욱 설명력이 높았다. 합리적 기대 효율적 시장가설이 경험적으로 성립하지 못하는 이유는 환율 변동과 기초거시경제 변수 변동 사이에 비연계성이 존재하며 과도 변동성으로 안정적인 연계성이 부족하기 때문이다.

　　달리 말해, 현실에서 효율적 외환시장이 성립하지 않는 이유를 두 가지로 말할 수 있다.

　　첫째로, 위험 중립성 가정의 문제로 위험 프리미엄이 존재하기 때문이다. 투자자는 위험을 기피하려고 하므로 그 위험을 보상할 만한 최소한 수준의 위험 프리미엄을 초과해야만 거래를 한다.

　　둘째는, 합리적 기대가설 가정의 문제로서 합리적 거품과 페소화 문제가 존재하기 때문이다. 합리적 거품이란 시장가격이 균형 가격으로부터 계속 이탈해 있는 거품에 합리적 예상을 하고 외환을 사고파는 경우 기초경제 변수와 무관하게 괴리된 거품현상이 전개되는 것을 말한다. 페소화 문제란 향후 정책 변화에 대한 예상 변화가 환율 예측에 영향을 미쳐 환율을 급등락하게 만드는 현상을 의미한다. 경제주체들이 미리 정책 변화를 예측한다면 기존 정책을 유지하는 것이 불가능해진다.

　　효율적 외환시장이 성립하지 않는 경우에 단기 환율 예측이 형성되는 경로 및 그 방향은 다음과 같다.

둘째, 〈비효율적 시장〉

위험 프리미엄 증가 ⇒ 선물환율 상승 ⇒ 환율 상승 예측

시장에서 정서의 변화 ⇒ 환율 거품에 합리적 예상 ⇒ 환율 상승 예측

확장금융정책에 대한 예상 ⇒ 인플레이션 압력 ⇒ 환율 상승 예측

긴축금융정책에 대한 예상 ⇒ 디플레이션 압력 ⇒ 환율 하락 예측

한편, 완전 합리적 환율 모형이 실제 거래한 결과인 데이터와 차이가 나는 이유는 사람들이 모든 정보를 보유할 수 없고 효율적으로 처리하기가 힘들기 때문이다. 이와 같은 완전한 합리성의 이탈이 외환시장에 중대한 영향을 미친다. 따라서 합리적 기대 효율적 시장가설 모형의 경험적 실패가 새로운 환율 모형을 개발하는 계기가 되었다. 외환시장에 참가한 사람들의 이질성이 환율 움직임에 대한 차이를 만들었고 그 결과 1980년대 중반의 비선형 환율 모형 등을 출현시켰다.

summary

3.1.2 거시적 기초경제 변수 모형

외환시장의 수요와 공급이 결정한 환율 수준은 단기간으로 갈수록 그 나라의 기초경제 여건과 괴리된 가격 수준이 될 것이다. 단기적 환율 결정은 새로운 정보에 대한 시장 참가자들의 기대 환율 변화 및 이를 반영한 상이한 외환 거래 행태 등의 이유로 기초경제 변수의 움직임과는 괴리가 크기 때문이다. 따라서 중장기적으로 경제 상황을 따라 조정되면서 움직이다가 시장 수급으로 결정된 환율 수준 그 자체가 균형 환율에 가깝다고 할 수가 있다. 따라서 단기에는 노이즈(잡음)가, 장기에서는 기초거시경제 변수가 환율 결정에 중요한 요인이라고 볼 수 있다. 마크(1995) 등의 많은 연구가 펀더멘털의 장기 환율에 대한 높은 영향력을 보여주고 있다.

환율을 예측할 때 기존의 환율 결정 모형은 불만족스러운 결과가 많이 나타난다. 경험적 연구들을 종합적으로 판단해볼 때 현재까지의 환율 결정 모형들이 불완전함에 따라 향후 더 나은 모형을 기대할 필요가 있다. 혹자는 현재까지의 환율 결정 모형들의 예측치가 무작위 행보 예측치와 별 차이가 없다고 비난하기도 한다. 단기적 환율 변동은 시장 참가자의 기대 환율 변화에 큰 영향을 받으며 거시 기초경제 변수로 설명하기가 어렵기 때문이다. 또, 금융위기나 국내외 돌발 악재 발생 시는 위험 회피 심리로 환율이 급등락할 수 있기 때문에 적정 환율의 범위를 크게 벗어나게 되어 환율 예측이 어려워진다.

그렇지만 중장기적인 환율 변동은 거시 기초경제 변수들의 움직임을 통해 방향성을 어느 정도는 예상할 수가 있다. 매일의 환율 변동은 터져 나오는 뉴스 및 기대 변화에 의존해야 하겠지만 중장기적인 관점에서 환율의 흐름을 물가와 금리, 통화량, 소득 등에 기반을 두고 예측할 수 있다면 예기치 못한 환율 변동을 우리가 예측할 수 있는 범위 이내에 둘 수가 있다. 어떤 이슈나 직관에 따라 환율 전망이 바뀌기보다는 본질을 보는 측면에서 환율 예측이 이루어짐을 말한다.

그런데 거시 기초경제 변수 모형은 20세기 후반에 널리 알려진 환율 결정방식이다. 이 모형은 특정한 거시경제 변수들이 환율에 영향을 미친다고 전제한다. 주요 기초경제 변수들과 환율 간의 관계를 회귀 분석 모형으로 설정하고 그 모형을 기초로 환율을 예측하는 것이다.

일반적으로 환율 예측을 위한 계량분석 모형은 경제이론 및 모형에 포함시킨 변수들의 통계적 특성에 따라 형성된다. 계량분석 모형은 종속변수와 종속변수에 영향을 미칠 것으로 예상되는 여러 독립변수들의 관계를 확정 관계로 간단히 나타내준다. 따라서 통계처리기법을 이용하여 계량분석 모형을 실제 데이터로 분석해보면 종속변수인 환율에 대한 예측 값을 얻을 수 있다.

거시 기초경제 변수 모형은 전통적인 유량접근 방식인 케인스학파의 먼델-플레밍 모형과 현대적 저량접근 방식인 자산시장 모형으로 크게 구분된다. 자산시장 모형은 이국 통화의 수요와 공급에 따라 환율이 결정되는 통화주의 모형과 더 많은 채권 등의 자산을 고려하는 포트폴리오-밸런스 모형으로 구분되며, 통화주의 모형은 환율과 물가가 모두 신축적으로 변한다고 가정한 신축가격 모형 및 환율과는 달리 물가만 경직적이라고 가정하는 경직가격 모형으로 세분화된다.

또한, 거시적 기초경제 변수 모형(기초적 분석 모형)을 통해 환율을 예측하는 경우 시장균형관계를 이용한 환율 예측과 환율 모형을 이용한 환율 예측으로 구분할 수가 있다. 시장균형관계를 이용한 환율 예측은 국제금융시장에서 재정거래를 통한 평가관계를 활용해 단기 환율을 예측하지만 환율 모형을 이용한 환율 예측은 경제 변수와 환율 간의 계량경제 모형을 추정하여 주로 장기 환율을 예측하는 방법이다.

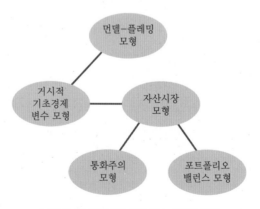

〈그림 3-2〉 거시 기초경제 변수 모형의 분류

(1) 시장균형관계를 이용한 환율 예측

거시적 기초경제 변수 모형의 일부분에 해당되는 이자율 평가설과 구매력 평가설을 환율 예측을 위한 모형으로 사용할 수 있다. 이 절에서는 이에 대해 설명하고자 한다.

구매력 평가설은 국제생산물시장의 장기적인 균형을 나타낸다. 반면 이자율 평가설은 국제화폐시장의 단기적 균형을 나타내준다고 할 수 있다. 따라서 구매력 평가설과 이자율 평가설은 각각 국제 재정 거래를 통한 평가(패리티, 동등성) 관계를 나타내주기 때문에 이들의 국제시장 균형관계를 이용하여 미래 환율을 손쉽게 예측할 수 있다.

■ 구매력 평가이론

바로 앞에서 설명했듯이 구매력 평가이론은 절대적 구매력 평가와 상대적 구매력 평가로 나뉘는데, 절대적 구매력 평가설에서 환율이 국가 간의 물가 수준에 따라 결정되지만 상대적 구매력 평가설에서는 환율은 물가의 증감률 변화에 따라 변동된다.

한편, 절대적 구매력 평가설이 성립한다면 환율 변동이 구매력의 차이에서 발생할 수 있기 때문에 상대적 구매력 평가설도 성립하게 된다. 하지만 절대적 구매력 평가설이 성립하지 않더라도 물가지수의 단위(기준 연도)의 차이가 나타나지 않는 상대적 구매력 평가설은 성립할 수가 있다.

상대적 구매력 평가설의 식은 $S_{t+1}{}^\wedge = P_{t+1}{}^\wedge - P^*{}_{t+1}{}^\wedge$이다. 이 식은 아래와 같이 나타낼 수도 있다.

$$S_{t+1} = (P^\wedge{}_{t+1} - P^*{}^\wedge{}_{t+1} + 1) \cdot S_t$$

여기서 $S^\wedge$ = 환율 상승률(%), $P^\wedge$ = 국내 물가 상승률(%), $P^{*\wedge}$ = 외국 물가 상승률(%), S = 환율, t = 현재 연도, $t + 1$ = 다음 연도 시점. 이 식을 이용하여 환율을 예측할 수 있다.

예를 들어, 현재의 원-달러화 환율이 달러당 1,000원이고 내년도 한국의 인플레이션율이 3%, 미국의 인플레이션율이 2%로 예측될 때 내년의 환율 전망은 1,010원[= (1 + 0.01) · 1,000]이다.

최근의 연도별 시계열 데이터를 활용하여 구매력 평가에 따른 원-달러화 환율에 대한 표본 예측을 수행해보면 아래와 같이 정리된다. 표본 예측이란 사후 예측으로 표본내 예측을 뜻한다. 이는 사전 예측인 표본외 예측과 구별된다.

사례 3-1

연도	한국 물가(CPI)	한국 인플레이션	미국 물가(CPI)	미국 인플레이션	실제 환율	예측 환율
2010	100	–	100	–	1155.74	–
2011	104.03	0.0403	103.16	0.0316	1106.94	1,165.80
2012	106.30	0.0218	105.29	0.0207	1126.16	1,108.16
2013	107.68	0.0130	106.83	0.0146	1094.68	1,124.36
2014	109.06	0.0128	108.57	0.0163	1052.29	1,090.85
2015	109.83	0.0070	108.70	0.0012	1130.96	1,058.39
2016	110.89	0.0097	110.07	0.0126	1159.34	1,127.68

예측을 할 때 기초거시경제 변수들의 미래 움직임에 대해 현재는 알 수가 없기 때문에 이에 대한 가정이 필요하다. 따라서 표본자료를 이용해 적합한 환율 모형을 추정하여 유의적인 추정 값을 구한 후 설명 변수에 대한 예측을 가정하고서 미래 환율을 예측하게 된다.

최근의 연도별 데이터를 이용하여 상대적 구매력 평가 회귀 분석 모형을 최소자승법으로 추정한 결과, 유의적인 회귀 모형의 계수 값, 즉 추정회귀선을 다음처럼 얻었다고 하자.

$$\hat{S} = 0.057 + 3.26\hat{P} - 7.09\hat{P}^*$$

여기서 $S^\wedge$ = 환율 변동률, $P^\wedge$ = 한국 인플레이션, $P^{\wedge*}$ = 미국 인플레이션. 다음은 한국과 미국의 내년 2017년도 예상 인플레이션이 각각 2%라고 가정해보면 내년도 환율을 예측할 수 있다. 이 경우 예상 환율 변동률은 다음과 같다.

$$S^\wedge = 0.057 + 3.26 \cdot 0.02 - 7.09 \cdot 0.02 = -0.0196$$

따라서 내년 2017년도 예측 환율은 금년 환율에 예상 환율 변동률을 합해서 구해진다. 예측 환율은 다음과 같다. 〈사례 3-2〉를 참조하라.

$$1,159.32 = 1,159.34 - 0.0196$$

사례 3-2

연도	한국 인플레이션	한국 예상 인플레이션	미국 인플레이션	미국 예상 인플레이션	실제 환율	예측 환율
2010	–	–	–	–	1155.74	–
2011	0.0403	–	0.0316	–	1106.94	–
2012	0.0218	–	0.0207	–	1126.16	–
2013	0.0130	–	0.0146	–	1094.68	–
2014	0.0128	–	0.0163	–	1052.29	–
2015	0.0070	–	0.0012	–	1130.96	–
2016	0.0097	–	0.0126	–	1159.34	–
2017	–	0.020	–	0.020	–	1,159.32

그런데 구매력 평가는 계산이 간편한 생산물에 대한 가격지수이지만 경험적 연구에 따르면 구매력 평가설이 장기적으로 성립하기도 하고 성립되지 않는 경우도 많기 때문에 국제금융시장에서 구매력 평가설은 제한적으로 사용된다. 특히, 구매력 평가설은 가격 조정의 어려움을 고려해도 실질환율이 때때로 안정적이거나 불안정하여서 실질환율의 지속성이 어렵다. 이러한 이유 때문에 이를 구매력 평가설 퍼즐이라고 부른다.

구매력 평가 균형 환율을 이용한 환율 예측을 정리하면, 환율의 대외불균형에 대한 자동조절 기능을 통해 구매력 대비 고평가된 통화는 약세를, 반대로 저평가된 통화는 강세를 보이면서 장기적으로 물가와 환율의 관계가 안정적으로 나타난다는 사실에 기초한 환율 예측을 말한다.

실제 환율이 구매력 평가 환율보다 높게 평가된 경우 경상수지의 개선으로 인해 시차를 두고 환율이 하락할 것으로 예상된다. 반면 실제 환율이 구매력 평가 환율에 비해 낮게 평가된 경우 경상수지의 악화로 서서히 환율이 상승할 것으로 기대할 수 있다. 그리고 환율의 장기적 조정 과정에 따라 환율이 단기적으로 구매력 평가 환율 수준을 이탈하더라도 시장의 힘에 의해 균형 환율 수준으로 복귀하게 된다. 따라서 구매력 평가환율은 미래의 환율 움직임을 예측하는 데 유용한 척도가 될 수 있다.

첫째, 〈구매력 평가설〉

환율 > 구매력 평가 균형 환율 ⇒ 경상수지 개선 ⇒ 환율 하락 예측

환율 < 구매력 평가 균형 환율 ⇒ 경상수지 악화 ⇒ 환율 상승 예측

■ 이자율 평가이론

이자율 평가이론은 국제화폐시장의 균형을 나타내는데, 완전한 자본 이동과 위험 중립성 가정하에서 동일한 화폐로 측정한 자산 수익률이 각국에서 일치한다는 것을 전제로 삼는다.

이자율 평가설은 환위험이 커버된 이자율 평가와 환위험이 커버되지 않은 이자율 평가로 나뉜다. 환위험이 커버되지 않은 이자율 평가설은 환위험 헤지에 필요한 현재의 선물환율 대신 현재 알려지지 않은 미래 환율을 사용하기 때문에 재정 거래의 평가 조건을 나타내지 못한다.

환위험이 커버되지 않은 이자율 평가설의 식은 $S^e_{t+1}{}^{\wedge} = i_t - i^*_t$이며, 환위험이 커버된 이자율 평가설의 식은 $F^{\wedge} = i_t - i^*_t$이다. 이 식은 아래와 같이 나타낼 수도 있다.

$$F_t = (i_t - i^*_t + 1) \cdot S_t$$

여기서 $S^e{}^\wedge$ = 기대 환율 상승률(%), $F^\wedge$ = 선물환 할증/할인률(%), i = 국내 이자율 (%), i^* = 외국 이자율(%), S = 현행 환율, F = 선물환율, t = 현재 연도, $t+1$ = 다음 연도.

환위험이 커버된 이자율 평가식을 이용하여 미래 환율을 예측할 수 있다. 예를 들어 현재의 원-달러화 환율이 달러화당 1,000원이고, 현재의 한국 이자율이 3%, 미국 이자율 이 2%일 때 내년도 환율에 대한 현재의 선물환계약 환율은 1,010원[= (1 + 0.01) · 1,000] 으로 내년의 환율 전망을 나타낸다. 그리고 달러화당 선물프리미엄(= 선물환율 − 현물 환율)이 10원 존재한다.

환위험이 커버되지 않은 이자율 평가설은 효율적 시장가설을 증명하는 주요 조건 이라 하지만 거의 성립하지 못한다. 투자가는 위험 중립적이지 않기 때문에 환위험이 커버된 이자율 평가설은 성립하지만 환위험이 커버되지 않은 이자율 평가설은 거의 성 립하지 않는다는 것이다.

특히, 환위험 커버된 이자율 평가에서 선물프리미엄이 국내외 이자율의 차이와 다 르고, 선물환율이 미래 현물환율의 불편 추정치가 되지 못하기 때문에 이를 선물프리미 엄 퍼즐이라 한다. 레비크(1980) 등의 경험적 분석처럼 선물환율은 미래 현물환율에 대 한 적정한 예측치가 아니기 때문에 선물환율로서 미래 환율을 지속적으로 예측하는 것 은 매우 어렵다.

또한, 이자율 평가에서는 국내 수익률이 높아지면 자본 유입을 통해 국내 통화 가치 가 하락하고 외국 수익률이 낮아지면 외국 통화 가치가 상승하게 된다. 이러한 이유 때문 에 현실과 다른 이 경우를 이자율 평가설 퍼즐이라 부른다.

기초적 분석에서 시장균형관계를 이용하여 단기 환율 예측이 형성되는 경로 및 그 방향을 나타내면 다음과 같다. 국제금융시장과 외환시장에서 환율에 대한 이자율, 물가 등의 균형관계를 이용해서 환율을 예측하는 것이다.

첫째, 〈환위험이 커버되지 않은 이자율 평가설 – 인플레이션〉
국내 인플레이션 > 외국 인플레이션 ⇒ 환율 상승 예측

국내 인플레이션 < 외국 인플레이션 ⇒ 환율 하락 예측

둘째, 〈환위험이 커버되지 않은 이자율 평가설 – 선물환율〉
선물환율 상승 ⇒ 환율 상승 예측

셋째, 〈환위험이 커버되지 않은 이자율 평가설 – 이자율〉
국내 이자율 > 외국 이자율 ⇒ 환율 상승 예측
고수익률 국내 통화(예) 한국은행 기준금리 인상) ⇒ 국내 통화 가치 하락 예상

국내 이자율 < 외국 이자율 ⇒ 환율 하락 예측
고수익률 외국 통화(예) 미국 FRB 기준금리 인상) ⇒ 외국 통화 가치 하락 예상

이와 달리, 환위험이 커버되지 않은 이자율 평가설을 크게 이탈하는 경우는 캐리 트레이드가 발생할 수 있다. 시장평가관계를 이탈한 경우에 캐리 트레이드 전략이 단기적 환율 예측에 미치는 방향 및 파급 과정을 비교해보면 아래와 같다.

넷째, 〈캐리 트레이드〉
고수익률 통화 ⇒ 환율 상승 거품 예측(고수익률 통화 가치 급등 예상)

저수익률 통화 ⇒ 환율 하락 거품 예측(저수익률 통화 가치 급락 예상)

환위험이 커버되지 않은 이자율 평가설은 평가관계의 이탈이 과거처럼 크지 않기 때문에 정확한 환율 예측이 용이하다는 장점이 있다. 그러나 위험 중립적 투자가를 비현실적으로 가정할 뿐만 아니라 비합리적이고 이질적인 투자가로 인한 거품 형성(캐리 트레이드 발생)을 가정하는 단점을 지니고 있다.

(2) 환율 모형을 이용한 환율 예측

경제이론에 기초한 계량경제 모형을 설정하여 추정해서 환율을 예측할 수가 있다. 만약 연도별 원-달러화 환율을 예측하는 경우 양국 간의 이자율 격차, 물가 상승률 차이, GDP 성장률 차이가 가장 영향을 많이 미치는 요인이라면 확정적 선형 경제 모형은 아래처럼 설정될 것이다.

$$S_t = \alpha + \beta_1(i - i^*)_t + \beta_2(P^\wedge - P^{\wedge*})_t + \beta_3(Y^\wedge - Y^{\wedge*})_t$$

이 식에서 계수인 α와 β는 모집단의 특성을 나타내는 모수이다. 여기서 S = 원-달러 환율, i = 한국 금리, i^* = 미국 금리, $P^\wedge$ = 한국 물가 상승률, $P^{\wedge*}$ = 미국 물가 상승률, $Y^\wedge$ = 한국 GDP 성장률, $Y^{\wedge*}$ = 미국 GDP 성장률.

상기의 모형은 종속변수와 독립변수들 간의 함수적(확정적) 의존관계를 나타낸다. 함수적 의존관계란 독립변수나 독립변수 조합의 값에 대해 종속변수의 단 하나의 값만 결정되는 관계를 말한다.

계량경제 분석 모형은 통계 모형으로서 확률적 의존관계로 나타난다. 확률적 의존관계란 독립변수의 값이 종속변수의 확률분포와 관계되는 것을 말한다. 선형회귀 계량 분석 모형으로 나타내보면 아래와 같다.

$$S_t = \alpha + \beta_1(i - i^*)_t + \beta_2(P^\wedge - P^{\wedge*})_t + \beta_3(Y^\wedge - Y^{\wedge*})_t + \varepsilon$$

여기서 ε = 오차항.

회귀 분석의 목적은 회귀 모형에 주어진 모수 α와 β를 정확하게 추정하는 것이다. 오차항을 가정하고서 모수를 추정하는 방법에는 최소제곱법, 최우법 등 여러 가지 추정법이 있다. 그리고 회귀 분석에서 적합한 모형과 적절한 데이터를 이용한 추정 및 적합성·유의성 검정을 통해 구한 계수 α와 β들의 추정 값은 각 독립변수(항)의 단위 증감이 종속변수인 환율에 평균적으로 얼마나 영향을 주는지를 측정해준다.

예를 들어, 적합한 모형을 통해 얻은 유의적인 회귀계수인 $\alpha, \beta_1, \beta_2, \beta_3$의 추정치가 각각 0.7, −0.5, 0.6, −0.4라면 추정한 회귀 모형(회귀선)은 $S_t = 0.7 - 0.5(i - i^*)_t + 0.6(P^\wedge - P^{\wedge*})_t - 0.4(Y^\wedge - Y^{\wedge*})_t$가 된다. 이를 해석하면, 다른 조건이 일정할 때 이자율 격차, 물가 상승률 차이, GDP 성장률 차이가 각각 1단위씩 증가할 때 환율이 평균적으로 −0.5, 0.6, −0.4만큼 변동한다고 해석하는 것이다.

따라서 이러한 추정 값에 기초해서 설명 변수들의 향후 변동 예측을 가정하고서 미래의 환율을 예측하게 된다. 즉, 추정 회귀선에 측정 가능한 미래의 설명 변수 값들을 대입하여 장래 환율을 예측하는 것이다. 다시 말하면, $S_{t+1} = 0.7 - 0.5(i - i^*)_{t+1} + 0.6(P^\wedge - P^{\wedge*})_{t+1} - 0.4(Y^\wedge - Y^{\wedge*})_{t+1}$ 에다 미래 설명변수들의 값을 대입시켜 장래 환율(St+1)을 예측하는 것이다.

무엇보다, 거시경제 환율 모형을 이용한 환율 예측은 현행 환율이 특정한 거시경제 변수들의 움직임을 반영하고 있다는 가정에 기초하고 있다. 환율에 어떤 경제 변수들이 영향을 미치는지에 따라 환율 모형은 케인스학파 모형과 통화주의 모형(자산 모형)으로 크게 구분할 수가 있다.

▪ 먼델–플레밍 모형

케인스학파의 먼델-플레밍 모형은 1960년대에 개발되어 고정환율제도와 변동환율제도에 모두 적합한데 고정환율이나 변동환율 및 자본 이동의 완전성이나 불완전성 여부에 따라 재정 정책과 통화정책의 효과가 확연히 달라진다. 본 모형은 재정·통화정책의 GDP 영향에 따른 국제수지의 변화에 기초해서 환율을 예측하고 있다. 이를 IS-LM-BP 모형이라고도 부른다.

IS-LM-BP 모형은 아래와 같이 나타낼 수 있다. IS곡선은 재화(생산물)시장의 균형을, LM곡선은 화폐시장의 균형을, BP곡선은 국제수지의 균형을 나타낸다.

$$Y = C + I + G + Nx \qquad \text{(IS 곡선)}$$
$$L = M/P \qquad\qquad \text{(LM 곡선)}$$
$$BoP = CA + KA \qquad \text{(BP 곡선)}$$

여기서 Y = 실질소득, $I(i)$ = [이자율(i)과 음의 관계]투자, G = 정부 구매, $Nx\,(Y,$ $S)$ = [실질소득과 음의 관계, 환율(S)과 양의 관계]순수출, $L(Y, i)$ = (실질소득과 양의 관계, 이자율과 음의 관계)유동성 선호, M = 화폐 공급, P = 물가 수준, CA = 경상수지, KA = 자본수지.

이를 암묵적인 환율 결정 모형으로 나타내면 아래와 같다.

$$S = f\left(\frac{P}{P*}, \ Y - Y^*, \ k(i - i^*), \ Z \right)$$

상기 모형에 의해서 양국 간의 물가 차이 변화$\left(\dfrac{P}{P*} \right)$, 소득 차이 변화$(Y - Y^*)$, 이자율 격차 변화$(i - i^*)$, 통화량 차이 변화 등의 요인$(Z)$ 그리고 재정·통화정책이 국제수지에 어떤 영향을 미치는지에 따라 환율 변동을 예측할 수가 있다.

기초적 분석에서 먼델-플레밍 환율 모형을 이용하여 환율 예측이 형성되는 경로 및 그 방향을 나타내면 다음과 같다. 변동환율제도하에서 자본 이동이 완전히 자유로운 경우$(k = \infty)$에만 환율을 예측해보면,

---

첫째, 〈탄력성 모형〉
확장 재정 정책 ⇒ 국민소득↑ ⇒ 경상수지 적자 ⇒ 환율 상승 예측

둘째, 〈먼델-플레밍 모형 – 재정 정책〉
확장 재정 정책 ⇒ 국내 소득↑ ⇒ 국내 금리↑ ⇒ 자본 유입 ⇒ 국제수지 흑자
⇒ 환율 하락 예측 ⇒ 순수출↓(경상수지 적자) ⇒ 환율 상승 예측

> 셋째, 〈먼델-플레밍 모형 – 통화정책〉
> 확장 통화정책 ⇒ 국내 금리↓ ⇒ 자본 유출 ⇒ 국제수지 적자
> ⇒ 환율 상승 예측 ⇒ 경상수지 흑자 ⇒ 환율 하락 예측

먼델-플레밍 환율 모형은 환율에 대한 재정 정책과 통화정책의 영향을 평가해주는 장점이 있지만 환율 예측을 위해 수많은 독립변수들이 예측되어야 하므로 너무 복잡한 모형이라는 단점을 가진다. 또한, 환율이 거시경제 변수들의 변화와 다르게 조정되기도 한다.

■ 신축가격 통화주의 모형

통화주의 모형은 구매력 평가설, 화폐수량설 등을 이용하여 장기 환율을 예측한다. 곧 환율은 양국 간의 통화량, 실질소득, 이자율 격차 등에 의해 결정된다. 환율 결정 모형을 이용하는 경우 독립변수에 대한 과거 시계열 자료의 분석을 통해 미래 환율을 예측할 수 있다. 대체로 1년 이상의 장기 환율 예측에서 통화주의 모형이 임의보행 모형보다 우수할 수 있다고 알려져 있다.

통화주의 모형은 1970년대 후반에 먼델-플레밍 모형이 초인플레이션 환경에서 제대로 작동하지 못할 때 개발되었다. 국내외 자산의 완전 대체성을 가정하여 환위험이 없다고 가정하고서 환율이 국내외 통화의 상대적 가치에 의해 결정된다고 본다. 먼저, 화폐시장의 균형에서 양국의 실질 통화 수요를 검증이 용이한 통계 모형으로 나타내기 위해 양변에 자연로그를 취한 후 로그선형 방정식의 형태로 표현하면 아래와 같다.

$$m - p = \alpha y - \beta i$$
$$m^* - p^* = \alpha y^* - \beta i^*, \quad \alpha > 0, \beta > 0$$

여기서 소문자로 표시한 각 변수는 로그변수를 뜻한다. m = 국내 통화량, p = 국내 물가, y = 국내 실질국민소득, i = 국내 금리, α = 화폐 수요의 소득탄력성 모수, β =

화폐 수요의 이자율탄력성 모수 그리고 기호 *는 외국을 나타낸다.

상기의 두 식을 서로 빼서 정리하면, $m - m^* = (p - p^*) + \alpha(y - y^*) - \beta(i - i^*)$ 이고, 로그변수로 나타낸 절대적 구매력 평가 조건인 $s = p - p^*$를 상기 식에 대입하면 널리 사용되는 프랑켈의 기본적인 환율 모형을 아래와 같이 얻는다.

$$s = (m - m^*) - \alpha(y - y^*) + \beta(i - i^*)$$

여기서 환율, s의 변동에 영향을 주는 $(m - m^*)$는 계수가 1이고 통화 공급의 차이로 환율과 양의 정비례관계를, $(y - y^*)$는 양의 계수 α를 갖는 실질 국민소득의 차이로서 환율과 음의 관계를, $(i - i^*)$는 양의 계수 β를 가진 금리 차이로서 환율과 양의 관계를 나타낸다.

기초적 분석에서 신축가격 통화주의 환율 모형을 이용하여 장기 환율 예측이 형성되는 경로 및 그 방향을 나타내면 다음과 같다. 주요 경제 변수를 선택해 환율 결정 모형을 설정하고 모형을 기초로 환율을 예측하는 것이다.

첫째, 〈신축가격 통화 모형 – 통화정책〉

국내 통화량 > 외국 통화량(확장 통화정책) ⇒ 물가↑ ⇒통화 공급 > 통화 수요
⇒ 통화 구매력(통화 가치)↓ ⇒ (생산물 구매 증가로 통화 초과 공급을 해소)
경상수지 악화 ⇒ 외환 수요↑ ⇒ 환율 상승 예측

국내 통화량 < 외국 통화량(긴축 통화정책) ⇒ 물가↓ ⇒ 통화 공급 < 통화 수요
⇒ 통화 구매력↑ ⇒ (생산물 구매 감소로 통화 초과 수요를 해소)
경상수지 개선 ⇒ 외환 공급↑ ⇒ 환율 하락 예측

국내 금리 > 외국 금리(이자율↑) ⇒ 화폐 수요↓ ⇒ 생산물 수요↑ ⇒ 물가↑ ⇒
⇒ 경상수지 적자 ⇒ 외환 수요↑ ⇒ 환율 상승 예측

> 둘째, 〈신축가격 통화 모형 – 소득〉
> 국내 소득 > 외국소득[(실질)소득↑] ⇒ 화폐 수요↑ ⇒ 생산물 수요↓ ⇒ 물가↓
> ⇒ 경상수지 흑자 ⇒ 외환 공급↑ ⇒ 환율 하락 예측

신축가격 통화주의 모형은 환율에 대한 통화정책의 영향을 평가해준다는 장점이 있지만 재정 정책의 영향을 평가할 수가 없고, 계수 α와 β의 값이 시간이나 데이터에 따라 달라질 수 있다는 단점이 있다. 또한 가정한 구매력 평가설과 위험이 커버되지 않은 이자율 평가설은 현실에서 성립하기 어렵다.

무엇보다 먼델-플레밍 환율 모형과 신축가격 통화주의 환율 모형은 환율의 변동성, 즉 거시경제 변수의 움직임보다 더 큰 환율 변동 및 그 변동 시차를 설명하지 못하고 있다. 따라서 경직가격 통화주의 환율 모형이 이러한 단점을 보완하기 위해 제시되었다.

■ 경직가격 통화주의 모형

돈부시는 확장 통화정책을 사용하는 경우 단기적 환율이 장기 균형 환율에 대해 오버슈팅한다는 환율의 오버슈팅 모형(경직가격 통화주의 환율 모형)을 만들었다. 장기의 신축가격 통화주의 환율 모형과 달리, 화폐 공급이 증가한 경우 즉각적인 물가 변화 등의 거시경제 변수의 움직임을 가져오지 못하기 때문에 더욱 커지는 환율 변동성을 설명해준다.

재화와 서비스의 가격 경직성을 가정하기 때문에, 물가가 단기에 거시경제 변수의 변화를 충분히 반영하지 못함에 따라 환율이 즉각 신축가격 통화주의 모형보다 더 강하게 반응하게 된다. 이후 물가가 새로운 거시경제 환경으로 점차 조정되는 어떤 균형 상태를 향해 환율이 되돌아온다. 장기적 현상을 설명하는 경우 경직가격 통화주의 모형도 구매력 평가설과 환위험이 커버되지 않은 이자율 평가설이 성립하기 때문에 신축가격 통화주의 환율 모형과 동일해진다.

경직가격 통화론 환율 모형은 이자율 평가 및 참가자들의 환율 변화에 대한 회귀적 예상(환율이 장기 균형 수준으로 복귀할 것으로 예상)이라는 두 가지의 가정을 도입했

다. 통화 공급의 증가에 따라 화폐시장에서 초과 공급이 발생한 경우 단기적으로 물가는 변하지 않고 이자율이 하락해 자본 유출이 발생하여 환율이 급상승(오버슈팅)하게 되는데 이때 환율이 장기적으로는 균형 환율 쪽으로 하락할 것이라고 예상한다는 것이다.

$$E_t s_{t+1} - s_t = -\theta(s_t - \bar{s})$$

단, $\bar{s}$ = 장기 균형 환율, θ = 장기환율에 대한 현재 환율의 조정계수($0 < \theta < 1$). 이 식은 환율 변동에 대한 회귀적 예상을 나타내준다.

나아가 위험이 커버되지 않은 이자율 평가설 조건식, $i - i^* = \triangle s^e$ 및 $\triangle s^e = \dfrac{s_{t+1}^e - s_t}{s_t} \approx s_{t+1}^e - s_t = E_t s_{t+1} - s_t$ 등을 이용하여 상기의 두 식을 조정하면 다음의 새로운 로그변수 환율 모형을 얻는다.

$$s = (m - m^*) - \alpha(y - y^*) + \left(\beta - \frac{1}{\theta}\right)(i - i^*)$$

이 식에 따라서 장기적 환율은 구매력 평가설, 상대 통화 공급, 상대 소득 및 상대 이자율에 의해 결정되지만, 단기적 환율은 차후에 이러한 장기 균형 환율로 조정된다. 돈부시 환율 모형은 환율의 변동성이 기초거시경제 변수보다 더 크다는 것을 설명했다는 점에서 프랑켈 환율 모형에 비해 우수한 모형이다.

기초적 분석에서 경직가격 통화주의 환율 모형을 이용하여 단장기적 환율 예측이 형성되는 경로 및 그 방향을 나타내면 다음과 같다.

> **첫째, 〈경직가격 통화 모형 – 통화정책〉**
> 통화 공급↑(확장 통화정책) ⇒ 실질통화량↑ ⇒ 금리↓ ⇒ 순자본 유출↑
> ⇒ 외환 수요↑ ⇒ 단기적 환율 급등 예측

오버슈팅 이후 ⇒ 물가↑ ⇒ 실질 통화 공급↓ ⇒ 금리↑ ⇒ 순자본 유출↓
⇒ 외환 공급↑ ⇒ 장기적 환율 하락 예측

통화 공급↓ (긴축 통화정책) ⇒ 실질통화량↓ ⇒ 금리↑ ⇒ 순자본 유출↓
⇒ 외환 공급↑ ⇒ 단기적 환율 급락 예측

언더슈팅 이후 ⇒ 물가↓ ⇒ 실질 통화 공급↑ ⇒ 금리↓ ⇒ 순자본 유출↑
⇒ 외환 수요↑ ⇒ 장기적 환율 상승 예측

경직가격 통화주의 모형은 환율이 거시기초경제 변수에 비해 변동성이 큰 이유를 설명해주었고 장기에는 구매력 평가설이 성립된다는 것을 보여주었다. 그러나 오버슈팅의 지체 현상, 언더슈팅이나 무반응 현상, 오버슈팅 이외의 환율 변동성의 원인을 제시 못함 등의 이유로 환율 결정에 적절하지 못하다고 한다. 또한, 오버슈팅의 지속 기간 및 현재 환율이 장기 균형 환율로 조정되는 기간이 불확실하며, 계수 α, β, θ의 값이 시간이나 데이터에 따라 달라질 수 있다는 단점이 있다.

경직가격 통화주의 환율 모형의 이러한 단점을 보완하기 위해 포트폴리오 밸런스 모형이 개발되었다.

■ 포트폴리오 밸런스 모형

포트폴리오 밸런스 모형의 핵심 가정은 자본의 완전한 이동성하에서 국내외 채권들이 불완전한 대체재라는 것이다. 이는, 통화주의가 가정한 국제자본시장의 완전한 대체성과 환위험이 커버되지 않은 이자율 평가설과 달리, 금융자산에 통화뿐 아니라 증권도 고려하고, 국내외 이자율(수익률)이 다를 수가 있고, 위험에 대한 프리미엄이 존재함을 의미한다.

한 나라의 투자가들은 수익성, 편의성, 위험 등을 고려해 최적의 자산 구성을 형성하려고 한다. 자신의 부를 국내외 통화와 채권에 분산해 투자하며 경상수지가 흑자일 때 더 많은 부를 획득하게 된다. 이에 따른 부의 조정 과정에서 국내 자산과 외화 자산의 상대적인 비중에 의해 환율이 결정된다. 국내 자산과 외화 자산이 일치하는 수준에서 환율이 결정되며, 국내 자산 보유를 늘리고자 할 때 환율이 하락하고 외화 자산을 더 보유하려고 할 때는 환율이 상승한다.

본 모형에서 자국 투자자들의 부(TW)는 자국의 통화(M)와 채권(B) 및 외화 채권($B*$)으로 구성된다. 즉,

$$TW = M + B + S \cdot B*$$

자산에 대한 수요는 국내 수익률, 외국 수익률, 부의 수준에 따라 결정될 것이다. 국내 자산 공급규모($W = M + B$)와 외화 자산 공급규모($W* = B*$)를 이용하여 자산시장의 균형 상태를 나타내면 다음과 같다.

$$\frac{W}{SW*} = f\left(i - (i* + \triangle s^e)\right)$$

여기서 S = 환율, i = 국내 이자율(수익률), $(i* + \triangle s^e)$ = 외국 기대 수익률, $f()$ = 함수. 더 나아가 이를 암묵적인 환율 결정 모형으로 나타내면 아래와 같다.

$$S = \frac{W}{W*} f\left(i - (i* + \triangle s^e)\right)$$

이 식에 따르면 환율이 국내외 자산의 상대적 공급량 및 수익률 차이에 의해 결정된다. 또한 환율은 기대 수익률의 차이에 영향을 받는다.

투자 대안이 국내외 두 채권만 존재한 경우에 통화당국의 정책 등이 환율에 미치는 파급 과정 및 방향을 살펴보면 아래와 같다.

첫째, 〈포트폴리오 밸런스 모형 – 통화정책〉
화폐 공급↑(확장통화정책) ⇒ 이자율↓ ⇒ 국내 채권 수요↓, 외화 채권 수요↑
⇒ 외환 수요↑ ⇒ 환율 상승 예측

화폐 공급↓(긴축통화정책) ⇒ 이자율↑ ⇒ 국내 채권 수요↑, 외화 채권 수요↓
⇒ 외환 공급↑ ⇒ 환율 하락 예측

둘째, 〈포트폴리오 밸런스 모형 – 경상수지〉
경상수지 흑자 ⇒ 외화 채권 공급↑ ⇒ 외환 공급↑ ⇒ 환율 하락 예측

경상수지 적자 ⇒ 외화 채권 공급↓ ⇒ 외환 공급↓ ⇒ 환율 상승 예측

　　포트폴리오 밸런스 모형은 비현실적인 환위험이 커버되지 않은 이자율 평가설을 가정하지 않기 때문에, 즉 위험 회피적 투자가로 가정하기 때문에 통화주의 모형에 비해 더욱 우수한 환율 모형이다. 그러나 국내외 채권들과 국내 통화만 투자할 수가 있고, 외국인은 국내 자산을 보유할 수 없다고 가정하기 때문에 제약이 크다.

　　지금까지 알아본 환율 모형을 통한 추정 방법은 상당히 복잡하고 오랜 시간이 소요되지만 한번 환율 결정 모형이 확정되면 손쉽게 자료를 업데이트하면서 환율을 예측할 수 있다. 그러나 기초적 분석방법은 계량경제 모형에 기초해 환율 변동의 수치를 제시할 수 있다는 이점이 있지만 예상치 못한 사건의 발생을 즉각 반영할 수 없다는 단점이 있다. 무엇보다, 미스와 로고프(1983) 등은 거시적 기초경제 변수 모형이 환율 예측에 적합하지 않다는 실증 분석의 결과를 제시하였다.

　　고정환율제도에서는 환율이 고정되어 있기 때문에 예측도 고정되지만, 변동환율제도에서 효율적 외환시장이 성립하기가 힘들고 단기 환율을 예측하는 것은 어려운 일이다. 단기적 환율을 이자율, 국내총생산, 통화량 등의 거시경제 변수들을 이용하여 예측하기가 엄청 어렵다. 이처럼 주요한 거시경제 변수와 환율이 잘 연결되지 않기 때문에 이를 환율차단 퍼즐이라고 부른다.

　　최근에 들어와 환율 예측이 안 되는 이유에 대한 연구가 진행되고 있는데 혹자에 따르면 그중 하나는 환율과 거시경제 변수 간의 관계를 설명해주는 환율 결정 모형을 가지고 환율 예측을 시도하기 때문에 환율의 예측이 어렵다는 것이다. 다른 이유는 환율 모형이 시간에 따른 변화를 반영하지 못하기 때문에 환율 예측이 어렵다고 생각한다.

3.1.3 대안적 분석 모형

점차 거시적 기초경제 변수 모형의 예측력이 결핍됨에 따라 대안적 분석 모형이 제시되었다. 주류 전통적 환율 결정 모형에 반한 비주류에 해당되는 대안적 분석에는 미시 구조적 모형, 후기 케인스학파 모형, 행동재무학 모형, 카오스 이론 모형 등이 포함된다.

이 절에서는 기초거시경제 변수 환율 모형의 특징이나 장단점과 비교하면서 대안적 분석의 모형이 어떻게 발전해왔고 어떤 장단점을 가졌는지에 대해 알아보자.

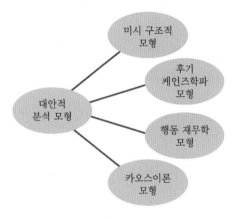

〈그림 3-3〉 대안적 분석 모형의 분류

(1) 미시 구조적 모형

환율 결정에 대한 새로운 접근 방법으로서 라이온(2001)은 미시 구조적 환율 모형을 제시하였다. 기초거시경제 변수에 대한 정보를 지닌 시장 참가자들의 주문 흐름 등의 미시적 요인이 환율에 미치는 영향을 분석하는 방법이다.

첫 번째, 환율의 정보가 비대칭적이기 때문에 정보를 잘 아는 쪽과 부족한 쪽이 외환 거래를 할 때 환율 변동이 초래된다는 것이다. 어떤 거래자가 더 많은 정보를 가진 상대방과 외환 거래에서 자신을 보호하기 위해 가격견적 및 주문을 조정한다는 것이다. 따라서 딜러(시장 조성자 은행)는 고객의 주문 흐름을 통해 고객의 기대를 파악할 수가 있고 현재 환율이 낮거나 높은 수준인지를 짐작할 수 있다.

　　두 번째, 시장 참가자들은 이질적이고 서로 다른 거래동기를 가지고 있다. 고객의 주문 흐름상에서 기초경제 변수 등의 공개정보만 가진 참가자는 사적 정보를 보유한 참가자와 환율 변동을 다르게 해석할 것이다. 또한 거래동기 측면에서 환위험 헤지를 하는 참가자는 환투기를 시도하는 참가자와 다르게 환율 변동을 해석할 것이다.

　　세 번째, 제도적으로 외환 거래 메커니즘이 상이하여 시장가격에 다르게 영향을 미친다. 고객 참가자와 딜러 참가자가 거래하는 소매시장과 딜러 참가자 간에 거래하는 도매시장이 있다. 이에 따라, 고객 참가자는 다양한 직접적 분석이나 자료원을 통해 거시기초경제 변수에 대해 파악하게 되고, 이들이 낸 주문 흐름을 통해 시장 조성자 딜러는 기초경제 변수에 대해 파악하면서 자신의 거래포지션을 조정하게 되며, 그 결과로 환율(양국 통화의 매입/매도 시장가격)이 결정된다.

　　이를 토대로 장기적 자산시장 모형을 미시 구조적 접근 방법에 결합시킨 라이온의 단기적 환율 모형은 아래와 같다.

$$\Delta S = f(i, M, Z_1) + g(O, D, Z_2) + \varepsilon$$

　　여기서 ΔS = 특정기간 동안의 환율 변동, i = 이자율, M = 통화 공급, Z_1 = 기타 거시경제 변수, O = 주문 흐름, D = 오픈딜러포지션, Z_2 = 기타 미시경제요인, ε = 오차항, $f()$ = 거시 모형 함수기호, $g()$ = 미시 모형 함수기호.

　　주문 흐름(= 매수자주도 주문 흐름 - 매도자주도 주문 흐름)이 양수이면 딜러(은행)가 매수 포지션을 보이므로 환율 상승을 기대하는 반면 주문 흐름이 음수이면 매도 포지션을 보이므로 환율 하락을 기대하면서 양국 통화에 대한 견적(매입/매도율)을 낸다. 고객들이 외환을 매도하는 경우 딜러는 환율의 가치가 현재 환율 가격보다 낮다고 판단하고, 고객들이 외환을 매입하면 환율 가치가 현재 환율 가격보다 높다고 추측함에 따라 판매자에 비해 구매자에게 더 높은 환율 가격을 부과시키면서 매도 환율-매입 환율 스프레드를 만든다.

다른 하나는 각 외화에 대해 딜러가 포지션의 균형을 맞추려는 재고 통제로 인해 환율 변동이 발생된다는 것이다. 재고 통제 효과란 매일 마감할 때 거래자가 자신의 외환 재고 포지션을 균형으로 맞추는데 이를 위해 재고 변화에 대응하면서 견적 가격을 조정한다는 것이다. 이처럼 은행이 보유한 외환 재고의 불균형이 환율의 변동을 초래하는 것이다.

미시 구조적 모형에서 정보의 비대칭성, 참가자의 이질성, 거래 메커니즘의 상이성에 따라 단기 환율 예측이 형성되는 경로 및 그 방향을 나타내면 다음과 같다.

첫째, 〈미시 구조 모형 - 주문〉

주문 흐름 양수 ⇒ 외환 수요↑, 외환 공급↓ ⇒ 환율 상승 예측

주문 흐름 음수 ⇒ 외환 수요↓, 외환 공급↑ ⇒ 환율 하락 예측

둘째, 〈미시 구조 모형 - 외환 재고〉

초과 외환 재고 포지션 ⇒ 공급 초과 ⇒ 외환 공급↑ ⇒ 환율 하락 예측

과소 외환 재고 포지션 ⇒ 수요 초과 ⇒ 외환 수요↑ ⇒ 환율 상승 예측

미시 구조적 환율 모형은 시장 참가자의 행동에 따른 외환에 대한 수요와 공급에 따라 환율을 결정하기 때문에 거시경제 환율 모형보다 더욱 우수한 접근 방법이다. 그렇지만 미시 구조 접근법은 환율 예측에 적합한 관련 데이터를 구하기가 어려운 단점이 있다. 주문 흐름의 경우 상거래 주문 흐름인지 비상거래 주문 흐름인지 그리고 딜러와 고객 간의 주문 흐름인지 딜러들 간의 주문 흐름인지 명확하지 않을 수 있다. 또, 초단기 자료의 경우 잘 공개되지 않아 관련 자료의 수집과 실증 분석이 어렵다.

(2) 후기 케인스학파 모형

하비가 개발한 후기 케인지안 모형에서는 환율이 주로 포트폴리오 투자의 기대, 즉 국제 포트폴리오 투자가의 기분 변화에 의해 단기적으로 영향을 받는다. 미래 경제에 대한 기대 및 포트폴리오 투자에 따른 자본 유출입에 초점을 두고서, 사람들은 외국 자산을 구매하기 위해 외화를 수요하며 투기적 목적으로 외화를 보유하지는 않는다고 가정한다.

포트폴리오 투자의 자본 유출입에 따라 환율은 국내 이자율이 하락하고 외국 이자율이 상승하면 수익률이 높은 외국 자산의 수요가 증가한 자본 유출로 인해 환율이 상승한다. 미래 환율이 상승할 것으로 예상되어도 환차익 수익률이 높은 외국 자산 수요가 증가한 자본 유출로 인해 환율이 상승한다.

이를 토대로 암묵적인 단기 환율 모형을 아래와 같이 나타낼 수 있다.

$$S = f(i, i^*, S^e)$$

여기서 S = 현재 환율, i = 국내 이자율(수익률), i^* = 외국 이자율(수익률), S^e = 미래 환율에 대한 시장의 기대, $f()$ = 함수기호.

후기 케인스학파 환율 모형을 이용하여 단기적 환율 예측이 형성되는 경로 및 그 방향을 나타내면 다음과 같다.

첫째, 〈후기 케인스학파 모형 – 기대〉

외국자산 수요 기대↑ ⇒ 포트폴리오 자본 유출 ⇒ 외환 수요↑ ⇒ 환율 상승 예측

기대 환율↑ ⇒ 외국 자산 기대 수익률↑ ⇒ 자본 유출 ⇒ 외환 수요↑ ⇒ 환율 상승 예측

둘째, 〈후기 케인스학파 모형 – 금리〉

국내 금리↑ ⇒ 국내자산 기대 수익률↑ ⇒ 자본 유입 ⇒ 외환 공급↑ ⇒ 환율 하락 예측

외국 금리↑ ⇒ 외국자산 기대 수익률↑ ⇒ 자본 유출 ⇒ 외환 수요↑ ⇒ 환율 상승 예측

후기 케인지안 모형은 미래 기대를 평가한 장점이 있지만 사람들이 외국 자산을 구매하기 위해서만 외화를 수요하며 투기적 목적으로 외화를 보유하는 경우를 고려하지 못한 한계점으로 인해 큰 주목을 받지 못하고 있다.

(3) 행동재무학 모형

행동재무학에서는 시장 참가자의 심리를 고려한바 사람들이 합리적으로 행동하지 않는 다고 가정한다. 사람들의 특정한 선호나 잘못된 신념과 같은 투자 심리로 인해 외환시장에 참가한 사람들이 비합리적이라고 본다.

이에 따라서 단순한 방식의 의사결정, 과거경험으로 평가·조정된 의사결정 등을 강조한다. 무사와 바티(2010)는 사람들이 보유한 정보에 기초한 단순 환율 예측 방식을 결정하고서 과거 환율 결정에 대한 이 방식의 역할을 재차 확인한다고 말했다. 따라서 참가자는 단순한 방식으로 환율 예측을 하겠지만 실효성이 더 높은 방식으로 계속 바꾸어나간다.

비합리적인 사람들의 시장심리가 단기적 환율 변동에 영향을 미친다. 시장심리가 불안할수록 환율 결정의 방향성은 불투명해지며 환율의 급등락 현상이 한동안 지속되기도 한다. 또한, 사람들의 군집행동으로 쏠림현상이 확산되면 환율이 급등하고 환율의 변동성이 더 확대된다.

이와 관련, 단기 환율 예측이 형성되는 경로 및 그 방향을 나타내면 다음과 같다.

첫째, 〈행동경제학 모형 – 심리〉
시장심리 불안 ⇒ 외환 거래↓ ⇒ 외환 수요↓, 외환 공급↓ ⇒ 환율 급등락 예측

둘째, 〈행동경제학 모형 – 집단행동〉
군집행동 ⇒ 외환 수요↑, 외환 공급↓(쏠림현상) ⇒ 환율 급등 예측

군집행동 ⇒ 외환 수요↓, 외환 공급↑(쏠림현상) ⇒ 환율 급락 예측

행동재무학 환율모형은 시장 참가자들의 심리를 이론 모형에서 다루었다는 큰 장점이 있지만 사람들의 투기나 투기적 투자의 기능만 고려하는 단편적인 한계점을 보이고 있다.

⑷ 카오스 이론 모형

카오스 이론은 규칙성이 없어 보이는 경제현상 등에 내재하는 인과관계를 합리적으로 설명하기 위한 접근 방법이다. 무질서하거나 예측이 불가능한 불확실한 현상에서도 어떤 정연한 질서가 존재한다고 가정한다. 따라서 혼돈의 상태에서 질서를 찾으려는 이론이다.

카오스 모형은 예측 불가능한 환율 변동 현상 속에 숨어 있는 정연한 질서를 끄집어 내고자 하는 접근 방법을 말한다. 현상적으로 불규칙하고 복잡해 보이지만 이 현상을 간단한 변수를 갖는 함수로 예측할 수 있는 방법이다. 환율과 결정변수들 사이의 관계를 비선형 환율 모형으로 보통 설명한다.

그런데 카오스 이론에서 가장 중요한 것은 초기 값의 민감성이다. 브라질에서 나비가 날갯짓을 하면 영국에서 태풍이 분다는 로렌스의 나비효과에서 알 수 있듯이 어떤 초기조건의 값은 불확실성과 관련되어 극단적인 결과를 만들 수가 있다. 초기조건의 민감성(나비효과의 정도)을 나타내주는 지수의 개발은 다양하다.

카오스계의 가격 움직임을 가정하고서 환율 예측이 형성되는 경로 및 방향을 나타내면 다음과 같다.

첫째, 〈카오스 모형〉
카오스 상태 ⇒ 목표 환율(제시 기준가격) = 예측 환율

그러나 환율 변동이 카오스계를 따르는지 여부에 대해 찬반 의견이 존재한다. 즉 카오스 가정은 잘못된 것이라고 한다. 무사와 바티(2010)도 장래 환율을 예측할 때 카오스 이론 환율모형은 큰 관심거리가 못 된다고 말한다.

3.1.4 기술적 분석 모형

기술적 분석은 환율 예측이 과거 환율 변동에 기초해서 이루어지는 시계열 분석을 말한다. 시계열 분석은 과거의 가격 패턴을 찾아내 사용하여 미래의 가격 패턴을 예측하는 단기적인 추세분석 방법이다. 이동평균 모형, 자기회귀이동평균 모형 등이 많이 사용되는 환율 예측 방법이다.

기술적 분석은 자기회귀의 방법을 이용하여 환율을 예측할 때 환율 모형의 내재된 정보를 활용하지 않고 과거의 환율자료(과거 가격정보)를 사용하여 미래의 환율 변동을 예측한다. 기술적 분석 모형은 그 종류가 상당히 많은데 차트패턴 분석법과 계량적 분석기법이 많이 사용된다. 대부분의 경제 변수가 취하는 실제 자료를 이용하여 회귀 분석을 수행하는 시계열 회귀 분석은 기초적 분석에 해당된다.

차트패턴 분석기법은 시계열상 환율 변동을 차트로 나타나는 패턴에 따라 환율을 예측하는 방법이다. 선 차트, 바 차트, 봉 차트 등에서 보여지는 패턴을 자의적으로 해석하여 환율을 예측한다.

한편, 계량적 분석기법은 통계처리 방법을 이용해 환율 변동의 반복적 추세를 파악하여 환율을 예측하는 방법이다. 이동평균, 이동평균격차 등을 구해 장기적 추세를 찾아내어 환율을 예측한다. 그리고 각 모형의 예측력은 오차제곱평균의 제곱근의 값을 최소화시켜주는 예측 모형을 선택하는 등의 선택 기준에 의해 측정된다.

여기서는 기술적 분석기법에 따른 환율 예측을 계량적 분석기법을 중심으로 먼저 설명하고, 그다음 근본주의자의 환율 예측을 설명하면서 기술적 분석기법과 근본적 분석기법이 혼재된 환율 예측 모형을 소개하려고 한다.

(1) 기술적 분석 모형

기술적 분석에 의한 환율 예측이란 자기회귀의 방법으로 환율을 예측하는 것을 말한다. 환율 모형에 포함된 정보를 이용하지 않고 과거의 환율자료를 이용하여 환율의 움직임을 예측하는 것이다. 대체로 기술적 분석은 모형에 내재된 경제행위에 기초하지 않는다.

기술적 분석기법에 따른 환율 예측과 관련된 식을 실현된 과거 환율들의 암묵적 함수로 나타내면 아래와 같아진다.

$$S^e_{t+1} = f(S_t + S_{t-1} + \cdots + S_{t-n})$$

여기서 S^e_{t+1} = 미래 $t + 1$기의 예상 환율, S_t = 현재 t기의 환율, S_{t-n} = 과거 $t - n$기의 환율, $f()$ = 함수기호.

과거 n 기간 동안에 실현된 환율의 함수를 선형함수로 가정한다면 함수 f는 과거 환율들의 가중평균을 의미한다. 그런데 시계열 모형은 종속변수를 시계열 상관관계가 있을 수 있는 종속변수의 과거 움직임과 무작위 오차와의 관계로 나타낸다. 이에 따라 자기회귀 과정(AR), 자기회귀 이동평균 과정($ARMA$) 등의 시계열 모형으로 표현할 수 있다.

상기의 기술적 분석 환율모형을 기초로, 평균에 사용되는 가중치를 결정하는 방법에 따라 계량적 분석 모형을 이동평균 모형, 필터 모형 등으로 구분해서 과거 환율 시계열에 대한 정보를 이용하여 환율 예측을 수행하게 된다.

먼저, 환율 예측에 대한 추정 접근법은 과거의 환율 변동을 추정해서 미래 환율을 예측하는 방법이다. 단순한 모형은 아래와 같이 표현된다.

$$S^e_{t+1} = S_t + \lambda(S_t - S_{t-1}), \ \lambda > 0 \quad \text{또는}$$
$$\Delta S^e_{t+1} = \lambda(\Delta S_t)$$

여기서 S^e_{t+1} = 미래 $t + 1$기의 예상 환율, S_t = 현재 t기의 환율, S_{t-1} = 과거 $t - 1$기의 환율, Δ = 변화분 기호, λ = 예측 조정계수. 이 식은 미래 다음기의 환율이나 환율 변동이 과거 환율 변동분과 예측 조정계수에 달려 있음을 보여준다.

이제, 이동평균 환율 예측 모형에 대해 알아보자. 이동평균(MA)이란 움직이는 평균이라는 뜻으로서 과거 시계열 자료를 연속적으로 산술평균하여 예측하는 방법이다. 즉, $MA = \sum(S_t + S_{t-1} + \cdots + S_{t-n}) \div (n + 1)$.

단순 이동평균법은 최근의 일정한 과거 환율의 단순한 평균을 다음 기간의 예측 값으로 추정하는 방법이다. 지난 3일 동안의 원-달러화 일일환율이 950원, 1,000원, 1050원이라면 내일 시점 4의 예측 값은 996.7원[= (950 + 1,000 + 1040) ÷ 3]으로 계산된다. 시계열에 새로운 관측 값이 추가되면 단순 이동평균은 달라진다.

무엇보다, 환율 예측에 대한 이동평균 접근법은 과거 환율에 대한 단기 이동평균과 장기 이동평균을 비교하여 환율 변동을 예측한다. 기술주의자에 의한 단기 환율 예측을 이동평균 모형으로 제시하면 아래와 같다.

$$S^e_{t+1} = S_t + \beta(SMA - LMA), \quad \beta > 0 \quad \text{또는}$$
$$S^e_{t+1} - S_t = \beta(SMA - LMA)$$

여기서 S^e_{t+1} = 미래 $t + 1$기의 예상 환율, S_t = 현재 t기의 환율, SMA = 단기 이동평균, LMA = 장기 이동평균, β = 예측 조정계수. 이 식에서 단기의 이동평균이 장기의 이동평균보다 큰 경우 환율 상승을 예측하고, 반대로 작은 경우는 환율 하락을 예상하게 된다.

그런데 이동평균은 장단기에 대한 기간 설정에 의존해서 결정될 것이다. 예를 들어 단기 이동평균(SMA)을 최근 한 기간 동안의 환율 변화, 장기 이동평균(LMA)은 최근 두 기간 동안의 환율 변화의 산술평균으로 나타낸다면, $SMA_t = S_t - S_{t-1}, LMA_t = \{(S_t - S_{t-1}) + (S_{t-1} - S_{t-2})\} \div 2$가 된다. 상기의 예제를 이용하면 $SMA_t = 40$이고 $LMA_t = 45$이므로 다음 기에는 환율이 하락한다고 예측할 것이다.

다음, 필터링 환율 예측 모형에 대해 알아본다. 필터링이란 뭔가를 걸러낼 때 사용되는 용어이다. 필터 모형은 최근에서 가장 가까운 과거 환율의 극대값과 극소값을 기준점으로 사용하면서 환율을 예측한다.

환율이 상승할 경우 극소점보다 임의로 주어진 필터가 α 퍼센트 이상으로 증가할 때는 미래 환율이 상승할 것으로 예측한다. 반대로 환율이 하락할 경우는 극대점에 비해 임의로 주어진 α 퍼센트 이하로 감소할 때에는 장래 환율이 하락할 것이라고 예측한다. 그렇지 않을 경우에는 미래 환율이 기존 수준에 그대로 머물 것이라고 예측한다.

그 밖에, 모멘텀 환율 예측 모형에 대해 간단히 알아보자. 모멘텀 모형이란 자산 가격 변동에 대한 속도 변화를 조사하여 자산 가격의 강세나 약세를 판정하는 방법이다. 만일 환율이 유의적인 증가 속도로 상승하는 경우에 환율 상승을 예측하여 외환을 매입하는 반면 환율이 유의적인 감소 속도로 하락하는 경우 환율 하락을 예측하여 외환을 매도한다. 그러나 시장 참가자는 유의적인 증가나 감소 속도가 무엇인지를 결정할 필요가 있다.

기술적 분석은 과거 환율 변동 형태의 특징을 분석하여 단기적 환율을 예측할 때 많이 이용된다. 기술주의자의 단기적 환율 예측이 형성되는 경로 및 그 방향을 나타내면 다음과 같다.

첫째, 〈기술적 분석 – 과거 환율〉

환율 상승 ⇒ 외환 매입 ⇒ 외환 수요↑, 외환 공급↓ ⇒ 환율 상승 예측

환율 하락 ⇒ 외환 매도 ⇒ 외환 수요↓, 외환 공급↑ ⇒ 환율 하락 예측

둘째, 〈기술적 분석 – 이동평균〉

단순 이동평균 ⇒ 최근 일정 기간의 단순평균 = 예측 환율

단기 이동평균 > 장기 이동평균, (환율 상승) ⇒ 환율 상승 예측

단기 이동평균 < 장기 이동평균, (환율 하락) ⇒ 환율 하락 예측

셋째, 〈기술적 분석 – 필터링〉

환율 > 극소 환율 · $(1 + \alpha)$, (환율 상승) ⇒ 환율 상승 예측

환율 < 극대 환율 · $(1 - \alpha)$, (환율 하락) ⇒ 환율 하락 예측

보통, 환율이 상승할 때에 기술주의자는 환율이 더욱 상승할 것이라고 예측하여 외환을 매입한다. 이는 환율을 추가 상승시킨다. 반면 환율이 하락할 때는 환율이 더욱 하락할 것으로 예측하여 외환을 매도함에 따라 환율을 추가 하락시킨다. 이에 따라 기술적 분석을 수행하는 사람들은 환율 변동에 불완전한 지속성을 부여해준다.

과거 환율이 반복된다는 가정에 따라 간단히 과거 환율을 기초로 미래의 환율을 예측하는 경우 환율 예측이 항상 들어맞을 수 없을 것이다. 따라서 기술주의자는 계량 분석 기법의 이동평균 모형, 필터 모형 등에 의한 예측들의 가중 평균을 환율 예측으로 사용할 것이다.

summary

(2) 근본주의자와 중도적 환율 예측 모형

합리적 기대의 효율적 시장가설 모형의 경험적 실패를 계기로 출현한 비선형 환율 모형은 기술적 분석접근의 차트주의자(기술주의자)와 기초경제 변수 분석의 근본주의자 간의 혼재된 중도적인 환율 예측 모형을 제시했다.

외환 거래에 참가한 차트주의자는 역사적 환율 변화에 기초해서 최근의 추세를 추정하여 환율을 예측하는데 이러한 행위가 환율 변동을 더 악화시킬 수 있다. 이들은 또한 과거의 손익에 따라 자신의 전략을 변화시킨다. 반면 근본주의자는 자산의 공정한 가치에 기초한 거시기초경제 변수의 균형을 향해 환율이 변한다고 예측한다. 이는 단·장기 균형 환율 모형에 관한 정보를 이용한 예측 방법이다. 따라서 이질적인 차트주의자와 근본주의자가 시장에서 서로 다른 환율 예측을 수행하면서 환율 변동을 야기하게 된다는 것이다.

앞에서 살펴본 기술주의자와 달리, 근본주의자는 환율이 균형 환율로 향해 수렴해 나갈 것이라고 가정함에 따라 이에 기초한 근본주의자의 환율 예측 식을 제시하면 아래와 같다.

$$S^e_{t+1} = S_t - \theta(S_t - S^{\cdot}), \theta > 0 \text{ 또는}$$
$$S^e_{t+1} - S_t = -\theta(S_t - S^{\cdot})$$

여기서 S^e_{t+1} = 미래 $t + 1$기의 예상 환율, S_t = 현재 t기의 환율, $S^{\cdot}$ = 계산된 균형 환율, θ = 예측 조정계수. 특히, 균형 환율(펀더멘털 환율가치)은 확실히 알 수 없기 때문에 그 추정 값을 대신 사용한다.

이 식에서, 환율이 균형 환율로부터 너무 멀리 움직이지 않을 경우 현재 환율이 균형 환율보다 크다면 다음기의 장래환율이 점점 하락한다고 예측하고, 반대로 균형 환율보다 낮으면 장래환율이 상승할 것으로 예상한다. 그리고 예측 조정계수가 클수록 환율 격차에 민감하게 반응하게 된다.

덧붙여, 근본주의자의 환율 예측은 상기의 수식에서 균형 환율이 장기적 균형만을 이용하여 계산됐다면 장기적 예측이 되며, 균형 환율이 장기 균형으로 수렴하기 전의 단기균형 정보를 이용하여 계산됐다면 근본주의자의 단기적 예측이 된다. 만약에 근본주의적 장기 예측과 단기 예측을 함께 하는 경우에는 근본주의자의 예측은 장단기 근본주의적 예측의 가중평균으로 주어질 것이다.

근본주의자의 환율 예측이 형성되는 경로 및 그 방향을 간단히 나타내면 다음과 같다.

첫째, 〈근본주의 분석〉
현재 환율 > 균형 환율, (환율 상승) ⇒ 외환 매도 ⇒ 외환 수요↓, 외환 공급↑
⇒ 환율 하락 예측

현재 환율 < 균형 환율, (환율 하락) ⇒ 외환 매입 ⇒ 외환 수요↑, 외환 공급↓
⇒ 환율 상승 예측

근본주의자는 환율이 균형 환율보다 높게 상승할 때 환율이 균형으로 복귀하도록 하락할 것이라고 예측하여 외환을 매도한다. 이는 환율을 하락시킨다. 반면 환율이 균형 환율보다 낮게 하락할 때는 환율이 균형 환율로 상승할 것이라고 예측하여 외환을 매입함에 따라 환율을 상승시킨다. 이에 따라, 근본주의적 예측을 하는 사람들은 환율 변화에 안정성을 부여해준다.

무엇보다도, 거래 참가자들이 이질적인 외환시장에서 기술주의자와 근본주의자의 예측이 함께 존재한다고 가정하고서 환율에 대한 시장 전체의 예측을 선형함수 식으로 나타내보면 다음과 같다.

$$S^e_{t+1} = w_t \cdot S^e_{t+1,TE} + (1 - w_t) \cdot S^e_{t+1,FU}, \quad 0 \leq w \leq 1$$

여기서 S^e_{t+1} = 미래 $t + 1$기의 예상 환율, $S^e_{t+1,TE}$ = 기술주의자의 예상 환율, $S^e_{t+1,FU}$ = 근본주의자의 예상 환율, w_t = t기의 비중 가중치.

사람들이 서로 다른 이질적인 환율 예측을 하는 경우에 환율에 대한 시장 전체의 예측은 각 유형의 예측이 차지하는 비중을 고려한 가중평균으로 계산될 것이다. 즉, 상기 식은 두 가지 유형의 예측이 존재하는 시장에서의 환율 예측을 나타내준다. 혹자는 이를 중도적 환율 예측이라고 부른다.

중도적 환율 예측에서는 기술주의자와 근본주의자가 서로 상반된 환율 예측을 하기 때문에 각 유형의 차지 비중에 의존하여 다양한 환율 변동이 생성될 것이다. 그런데 이러한 비중 가중치는 시장의 상태와 여건에 따라 복잡하게 시변하기도 한다. 특히, 혹자는 균형에 가까울수록 기술주의자의 예측의 가중치가 높아지고, 균형에서 멀어질수록 근본주의자의 예측 가중치가 높아진다고 본다.

그런데 각 환율 모형의 예측력은 예측 오차와 관계가 있다. 예측 오차가 작을수록 예측력이 높아질 것이다. 예측 오차는 다음처럼 정의할 수 있다.

$$\varepsilon_{t+1} = S_{t+1} - S^e_{t+1}$$

여기서 S^e_{t+1} = 미래 $t + 1$기의 예상 환율, S_{t+1} = $t + 1$기의 실제 환율, ε_{t+1} = $t +$ 1기의 환율 예측 오차.

예를 들어, 최근의 연도별 데이터를 활용하여 구매력 평가에 따른 원-달러화 환율의 표본 예측을 수행해본 결과에 대한 예측 오차를 아래 〈사례 3-3〉과 같이 구해보았다.

사례 3-3

연도	한국 인플레이션	미국 인플레이션	실제 환율	예측 환율	예측 오차
2010	–	–	1155.74	–	
2011	0.0403	0.0316	1106.94	1,165.80	−58.89
2012	0.0218	0.0207	1126.16	1,108.16	18.0
2013	0.0130	0.0146	1094.68	1,124.36	−29.68
2014	0.0128	0.0163	1052.29	1,090.85	−38.56
2015	0.0070	0.0012	1130.96	1,058.39	72.57
2016	0.0097	0.0126	1159.34	1,127.68	31.66

간단하게 오차제곱평균(MSE)을 이용하여 환율 예측력을 질적으로 평가해볼 수가 있다. 예측력에 대한 선택 기준인 오차제곱평균은 아래처럼 정의된다.

$$MSE = [\varepsilon_{t+1}^{2} + \varepsilon_{t+2}^{2} + \varepsilon_{t+3}^{2} + \cdots\cdots + \varepsilon_{t+T}^{2}] \div T$$

여기서 T = 예측 기간의 수. 오차제곱평균이 낮을수록 환율 예측 모형의 예측력은 높아진다. 예측력이 너무 저조한 모형은 사용하지 말아야 할 것이다.

위의 예제에서 오차제곱평균을 이용하여 환율 예측력을 평가해보면 다음과 같다.

$$MSE = [(-58.89)^{2} + (18.0)^{2} + \cdots\cdots + (31.66)^{2}] / 6 = 2,074.42$$

3.2   균형 환율 접근법

 학습목표

- 균형 환율의 개념과 역할
- 구매력 평가 접근 방법
  (1) 실질환율지수
  (2) 실질실효환율지수
  (3) 거시경제균형 접근 방법
     – 거시경제균형에서 균형 환율 결정
     – 거시경제의 균형 환율 추정 방법

경제적 예측이란 어떤 경제 변수의 가치나 미래가치를 예상하는 것이다. 예측은 사람들이 선택한 정보를 이용하여 만들어진다. 앞에서 살펴본 것처럼 환율에 대한 예측은 기술주의자와 근본주의자의 접근법으로 대분할 수 있다.

근본주의자의 환율 예측 접근법은 환율 결정에 영향을 주는 거시 기초경제 변수들에 기초한 모형이다. 이러한 거시 기초경제 변수들은 경제모형에서 구해지는데 GDP, 순수출, 인플레이션, 이자율, 생산성 등이 대표적이다. 특히, 근본주의자의 환율 예측은 구조적 균형모형에 의존하고 있다. 즉 앞 단에서 언급한 균형 환율에 의존하고 있다.

그런데 각국이 환율 안정을 꾀하거나 균형 환율을 달성하려는 이유는 환율의 급등락이 실물경제를 교란시켜 경제적 손실을 초래하기 때문에 환율 괴리가 경제 전반에 부정적인 영향을 준다는 점이다. 균형 환율의 장기적 균형 경로를 추정하면 환율이 장기 균형에서 이탈된 정도 및 외환시장 개입이나 통화정책으로 교정할지 여부 등에 관한 시사점을 찾을 수 있다. 따라서 균형 환율을 어떻게 정의하고 어떤 측정방법을 선택할지를 결정하는 일이 중요하다.

균형 환율을 이용하면 환율의 정렬 불량, 외부 위기에 대한 잠재적 경고 신호, 중장기 환율 예측 및 통화동맹 가입의 중심 패리티(동등성)를 평가할 수가 있다. 다시 말해 적정 수준의 경상수지 유지, 자국 통화의 장기적 구매력 확보, 미래 환율 예측 등을 가능하게 해주는 적정한 환율 수준을 가늠해보고자 한다.

이 절에서는 균형 환율에 대한 다양한 개념 정의 및 결정 방법 등을 살펴보고, 이를 추정하여 현행 환율과 비교해 분석하고자 한다. 실제 환율은 균형 환율 수준을 벗어나더라도 다시 균형 환율로 복귀하려는 속성을 지니고 있기 때문에 균형 환율에 대한 평가는 미래 환율의 움직임을 예측하는 데 도움을 준다.

summary

3.2.1 균형 환율의 개념과 역할

제2차 세계대전 이후 고정환율제도하에서 각국 통화들 간의 교환 비율을 안정적으로 유지하기 위해 균형 환율에 대한 본격적 논의가 IMF 주도로 시작되었다. 1970년대 변동 환율제도에서 이에 대한 연구를 계속해오고 있는데 초기에는 구매력 평가설에 기초한 균형 환율을 연구했었지만 점차 기초경제 여건을 중시하여 실제 환율과 거시 기초경제 변수 사이의 구조적 관계에 기초한 균형 환율이 주류를 이룬다.

1980년대에 들어와 균형 환율에 대한 관심이 높아진 이유는 먼저 주요 선진국들 사이에 국제수지 불균형이 심화된 사건을 들 수 있다. 1985년 9월 플라자합의 이후 선진국 주도하에 미국 달러화의 평가절하가 유도되는 과정에서 각국의 국제수지를 균형으로 안정시키는 환율 수준에 대한 연구가 활발해졌다.

다른 이유는 국제자본 이동의 증가로 환율 변동폭이 확대되자 각국의 중앙은행이 환율 안정을 위한 시장개입을 중시한 점이다. 이런 상황에서 환율정책의 기준으로 삼을 균형 환율의 유용성도 높아졌다. 그리고 환율 변동이 교역 상대국의 수출가격경쟁력을 약화시키는 등의 부정적인 영향을 주기 때문에 국제통화기금(IMF)은 각국의 불공정 환율 조작 여부 등 환율정책 운영에 대해 감시하고 있다. IMF의 환율문제에 대한 자문그룹은 선진국과 신흥개도국의 통화에 대한 균형 환율 수준을 분석하면서 감시업무를 수행하고 있다.

또한, 균형 환율의 평가문제는 1980년대 후반 유럽 국가들의 통합에 대한 논의에서 제기되었다. 통합할 유럽 국가들 간의 통화의 교환 비율 및 유로화와 유럽 이외의 기타통화 간의 교환 비율을 결정하는 기준으로서 균형 환율에 대한 연구 논의가 이루어졌다.

그런데 전통적인 구매력 평가 접근법은 단순한 물가 변동 요인을 균형 환율의 결정요인으로 본다. 반면, 현대의 거시경제균형 접근법은 균형 환율의 결정요인으로 기초경제 여건을 중시한다. 고용과 물가의 안정, 국제수지 균형 등 거시경제균형을 달성하도록 해주는 환율 수준을 균형 환율로 정의하고 추정하는 방법이다. 외환시장에서 수요와 공급이 결정한 균형 환율이 아니라 거시경제 차원의 균형 환율을 의미한다. 대내 균형과 대외 균형에 상응하는 환율 수준을 균형 환율로 정의한다는 점에서 대내외균형 접근법이라고도 불린다.

일반적으로 한 나라의 대내 균형은 완전고용하에서 실제 생산이 잠재생산 수준에 도달하여 인플레이션이나 디플레이션 압력을 유발하지 않는 상태로 정의된다. 대외 균형은 국제수지의 균형을 달성한 상태를 의미한다. 따라서 균형 환율은 인플레이션을 유발하지 않고 일정 기간에 국제수지 균형을 가져다주는 환율 수준을 말한다.

아직도 논란은 일부 있지만 한 나라의 균형 환율을 기초경제 여건을 반영하는 환율이라고 정의할 수 있다. 그리고 거시경제균형 접근법에서 균형 환율의 명칭은 발전된 방법론에 따라 기초균형 환율, 소망균형 환율, 자연실질환율, 균형실질환율, 행태적 균형 환율 등 다양하다. 윌리엄슨(1985)의 기초균형 환율, IMF의 소망균형 환율, 스테인(1995)의 자연실질환율 등은 선진국 경제에 적합한 모형인 반면 에드워드(1989)의 균형실질환율은 소국개방경제를 가정한 개도국에 적합하다.

무엇보다, 경제상황에 비추어 균형 환율 수준을 추정하여 평가해보면, 환율의 균형 수준으로부터의 괴리정도 및 미래 환율 변동의 방향과 폭을 가늠할 수 있다. 중앙은행, 국제기구 등은 적정한 균형 환율을 추정하여 환율의 균형 이탈 정도를 측정하고 환율의 움직임을 예측하는 데 도움을 얻고 있다.

그런데 균형 환율은 실제 관찰되지 않는 경제 변수로서 어떤 개념의 균형을 전제로 지표화하느냐에 따라 그 추정치의 의미가 달라질 수 있다. 그럴지라도 한 나라의 개방경제에서 균형 환율의 주요 역할은 아래의 세 가지 정도로 다시 정리해볼 수가 있다.

하나, 균형 환율은 환율이 얼마나 변동하였는지를 판단해주는 지표의 역할을 수행한다. 환율이 균형수준으로부터 괴리된 정도를 파악함으로써 단기 환율의 과도한 변동성 및 자국 통화 가치의 고평가 여부를 판단할 수가 있으므로 거시경제정책을 운영하는 데 도움이 된다.

한국의 1990년대 외환위기의 경우 위기 이전의 원-달러화 환율이 얼마나 부적절했는지를 판단하려면 환율의 적정수준이나 균형 환율을 측정하여 비교해볼 수 있다. 만약 환율이 균형 환율에 수렴하지 못하고 불균형이 지속되었다면 그 원인을 찾고 균형으로 복귀할 조정 과정을 제시할 필요가 있다. 예로써, 국제수지 적자를 환율이 균형 환율과 불일치한 결과로 과대평가되었다고 해석하고서 환율을 평가절하하거나 균형 환율을 실제 환율에 접근하도록 유도하여 국제수지의 적자를 해소할 수 있다.

둘, 균형 환율은 향후 환율이 어떻게 움직이는지를 예측하는 지표의 역할을 한다. 환율이 균형 환율 변화추이를 중심으로 이탈과 수렴하면서 상하로 변동하기 때문에 현재 환율이 균형 환율에 비해 낮다면 장기조정 과정을 거쳐 환율이 상승할 가능성이 높고 반대로 현재 환율이 균형 환율에 비해 높다면 환율 하락 가능성이 크다고 볼 수 있다.

다시 말해, 외환시장의 수급 상황에 따라 결정되는 환율은 균형 환율에 수렴하려는 경향을 가지고 있다. 환율이 일시적으로 균형 환율을 벗어나 크거나 작을 수 있지만 결국에는 균형 환율로 다시 수렴할 것이다. 따라서 균형 환율의 수준을 파악할 수만 있다면 이를 기준으로 장기 환율의 미래 변동방향을 예측할 수가 있다.

셋, 환율 조작 관련 통상 분쟁이 발생한 경우 균형 환율은 자국의 입장을 내세울 논리적 근거가 된다. 예로써, 양국 통상관계의 가장 문제가 일국의 무역적자이고 그 핵심 원인이 상대국의 균형 환율 대비 인위적 평가절하가 될 수 있다. 어떤 국가가 경상흑자를 장기간 유지하고 있는 경우 환율이 균형 환율에 비해 저평가가 지속되는 것으로 평가될 수 있다. 그러나 흑자국이 평가절상을 하더라도 균형 환율이 환율과 동일 방향으로 움직여서 그 격차가 해소되지 않는다면 장기간 흑자가 지속될 수가 있다.

국가 간 환율 분쟁은 2000년대 중반 미국, 유럽 국가 등이 중국 위안화에 대해 절상 압력을 요구한 것이 대표적이다. 중국이 2001년에 WTO 가입을 통해 국제교역을 확대한 이후 위안화가 균형 환율에서 크게 저평가되어 과도한 무역흑자를 지속하고 있다는 판단에 따른 것이다. 미국은 과도한 대중 무역적자와 쌍둥이 적자(무역적자와 재정적자)가 계속 불어나면서 자국 경제의 침체 우려가 확산되었기 때문에 중국에 대해 보복관세·환율 조작국 지정 검토 등 미·중 환율 분쟁은 통상전쟁으로 치닫고 있었다.

3.2.2 구매력 평가 접근 방법

구매력 평가 접근법에 따라 균형 환율을 결정하는 방법은 실질환율지수를 추정하고 이 지수를 균형이라 여기는 기준 시점 수준으로 일치시키는 환율을 균형 환율로 판정하는 것이다. 균형 환율에 대한 구매력 평가 접근법은 가장 기초적이고 단순한 이론이지만 명목환율과 실질환율지수를 이용해 산출한 균형 환율의 기준 시점과 비교 시점 사이의 괴리 정도를 측정하여 환율의 장기적인 움직임을 판단할 수 있다.

이 절에서는 한 나라의 실질환율 변동이 수출, 경제성장 및 투자에 미치는 효과를 간단히 아래처럼 정리해본다. 이를 기초로 살펴볼 구매력 평가 접근 방법인 실질환율지수나 실질실효환율지수를 이용해 추정한 균형 환율의 경제적 의미 및 한계점에 대해 알아볼 것이다.

한 나라에서 환율이 상승하면 수출 증가와 소득 증가 및 내수 증가로도 이어진다. 경상수지 흑자가 증가하면 수입을 통해 감소하는 소득과 고용보다 수출을 통해 증가하는 소득과 고용이 커져 국민소득이 증가하고 실업이 감소된다. 또한 경상수지 흑자가 증가하여 외환보유액을 적정 수준으로 확보하면 대외신뢰도가 높아져 외국자본이 급격히 유출될 가능성이 낮아지는 이점이 있다.

이러한 긍정적인 측면 이외에 환율 상승은 수입 원자재 비용과 수입 자본재 가격을 인상시켜 실질소득 둔화를 통해 소비와 투자 등 내수를 위축시킬 수도 있다. 이에 따라 환율 상승은 수출 증대와 내수 부진이라는 양극화를 야기하게 된다. 환율 상승의 지속은 수출 증대로 내수 부진을 극복하게 해주지만 내수를 살리기 위해서는 환율을 시장 자율에 맡기거나 환율 하락이 필요할 것이다.

일반적으로 실질환율의 상승은 소국경제의 경우 가격경쟁력을 높여 수출 증가로 무역수지를 개선시켜주지만 대국경제의 경우는 수출입을 통해 국제가격에 영향을 미치므로 무역수지를 개선시키지 못할 수 있다.

또한 실질환율의 상승이 실질 GDP에 미치는 영향은 명확하지 않지만 소국경제의 실질 GDP를 증가시킨다는 것이 통상적인 견해이다. 그렇지만 수출품 안에 수입했던 중간재 투입이 많아 해외로 유출된 부가가치가 커진다면 환율 인상에 따른 수출가격 경쟁력은 중간재 수입가격의 상승으로 상쇄되어 수출에 대한 환율 효과가 감소할 것이다.

그리고 수출이 경제성장에 영향을 줄 수 있고, 반대로 성장이 수출을 견인하거나, 상호 간에 무관하다는 견해가 있지만 한국, 대만, 브라질 등의 신흥국에서는 수출이 성장에 기여한다고 보았다. 그러나 예전과 달리 점차로 수출이 성장에 큰 기여를 하지 못하는 원인은 생산 활동이 글로벌 지역으로 분절화되었기 때문이다. 세계화와 함께 생산과정이 효율적으로 생산할 수 있는 다국적 지역으로 분업화되어 글로벌 가치사슬이 심화된 만큼 특정 상품 안에 속한 국내 부가가치가 감소하게 된다.

환율 변동이 투자에 미치는 효과도 일정하지가 않다. 이로 인해 환율 상승은 수출 증가 및 시장 왜곡을 경감시켜 경제성장을 촉진하거나, 동시에 자원을 부적절하게 할당하여 경제성장을 축소시킬 수도 있다.

환율 변동이 국내외 투자 및 장단기 경제(경기변동과 경제성장)에 미치는 영향을 재정리해보면 아래와 같다.

첫째로, 환율 변동성에 따라 국내 투자가 환율에 반응하는 정도가 달라진다. 환율 변동성이 낮은 경우 환율 인상은 국내외 판매에서 한계자본투자수익률을 높여 국내 투자를 증가시킨다. 이 효과는 수입 자본재의 높아진 가격에 의해 일부 상쇄된다. 반대로 환율 변동성이 높은 경우에는 환율 인상의 효과가 현저히 작아진다.

둘째로, 골드버그(2006) 등에서 언급된 것처럼 환율 변동성에 따라 환율 변동이 해외 직접투자에 미치는 효과도 달라질 수 있다. 환율 인상은 상대국 대비 자국의 임금과 생산비용을 감소시켜 국내 외국인의 자본투자수익률을 개선하여 해외 직접투자 유입을 확대시킨다. 그렇지만 환율 변동성은 생산의 유연성과 위험의 회피 성향에 따른 투자의 기대수익률을 낮추어 해외 직접투자의 유입을 감소시킨다.

셋째로, 오보인과 루타(2011)에 따르면 그 밖에 환율 변동이 경제에 미치는 단기적 효과는 경제적 특성에, 장기적 효과는 시장 왜곡에 달려 있다. 그리고 매기(1973) 등은 환율 변동이 경직적 상대가격을 변화시켜 자원 할당에 미치는 영향은 송장통화와 무역구조 및 비대칭 정보와 시장 실패에 의해 결정된다고 말한다.

한국의 경우 2018년 4월의 한 발표에 따르면 원 달러화 실질환율이 1% 상승하면 실질 GDP는 약 0.1%가 감소한다고 한다. 실질환율이 상승하면 수입 재화의 가격이 상승하여 민간 소비와 설비투자를 위축시키기 때문에 실질 GDP가 감소한다. 이는 실질환율이 상승하여 수입 재화의 가격이 상승해도 대체할 만한 국내 재화가 적다는 의미이다. 따라서 실질환율의 상승은 수출 증대의 효과를 주지만, 소비와 투자의 감소 효과가 더 크며, 전반적으로 경제성장률 제고의 효과는 미미한 것으로 추정했다.

(1) 실질환율지수

한 나라의 실질환율은 다른 한 나라와 비교한 재화와 서비스에 대한 상대가격을 요약하여 지수의 형태로 측정한 것이다. 실질환율은 국내산 생산물 가격 대비 외국산 생산물 가격의 상대가격을 의미한다. 즉, 이국 간에 생산물이 교환되는 비율을 말한다.

예를 들어, 한국의 공기청정기가 500,000원이고 미국의 공기청정기가 1,000달러에 거래되는 경우 원 달러화 환율이 달러당 1,000원이라면 한국의 공기청정기에 대한 미국 공기청정기의 상대가격인 실질환율은 2(= 1,000,000원 ÷ 500,000원)이다. 미국 공기청정기의 가격이 한국 공기청정기의 가격보다 2배가 더 비싸므로 미국 공기청정기의 1대 가격은 한국 공기청정기의 2대 가격으로 표시할 수 있다.

만약, 실질환율이 3인 경우에 이러한 실질환율의 상승은 미국 공기청정기의 상대가격이 상승한다는 의미이다. 미국 제품이 자국 제품에 비해 상대적으로 비싸지고 국내 제품 가격이 미국 제품에 비해 상대적으로 저렴해진다는 의미이다. 실질환율의 상승은 원 달러화 명목환율이 상승하거나, 미국의 물가 상승, 혹은 한국의 물가 하락이 발생할 때 나타나는 현상이다.

실질환율은 두 나라 간의 물가 변동을 반영한 환율로 명목환율(이국 통화의 교환 비율)을 상대 물가지수로 조정한 환율이다. 실질환율지수는 장기적으로 구매력 평가설이 성립한다는 것을 전제로 해서 구하게 된다. 자국 통화의 상대국(j) 통화에 대한 실질환율은 다음과 같이 나타낼 수 있다.

$$q^j = \frac{S^j P^j}{P} \quad \text{또는}$$

$$q^j = \ln S^j + \ln P^j - \ln P$$

여기서 q^j = 자국의 j국 통화에 대한 실질환율, S^j = j국 통화에 대한 명목환율, P^j = j국의 물가 수준, P = 자국의 물가 수준, ln = 로그 기호.

실질환율지수는 실질환율 수준을 특정 시점을 기준으로 지수의 형태로 나타낸 것이다. 이는 100 혹은 1을 기준으로 하여 양국 통화 간에 구매력을 평가한다.

$$\text{실질환율지수} = \frac{q_t^j}{q_0^j}$$

여기서 t= 비교 시점, 0= 기준 시점. 그리고 실질이란 인플레이션으로 조정되었음을 의미한다.

비교 시점의 실질환율 수준이 100 혹은 1이라면 이는 기준 시점의 실질환율 수준과 일치된 상태이다. 대외적으로 국제수지나 경상수지가 균형을 이루었던 기준 시점의 실질환율을 균형 환율로 본다면, 이를 기준으로 삼아 특정한 시점의 실질환율을 비교해봄으로서 현행 실질환율이 균형 환율에서 이탈된 정도를 판단할 수가 있다.

첫째, 〈실질환율지수〉

비교 시점 지수 > 기준 연도 지수(=1) ⇒ (상대국 통화 대비) 자국 통화 고평가

비교 시점 지수 < 기준 연도 지수(=1) ⇒ (상대국 통화 대비) 자국 통화 저평가

환언하면, 실질환율$\left(\dfrac{SP^*}{P}\right)$은 한 나라의 화폐가 상대국 화폐에 비해 얼마나 실질적 구매력(대외가치)을 가지는지를 나타내주는 이국환율이다. 실질환율이 1이면 절대적 구매력 평가설이 성립하는 것으로 의미한다. 그러나 실질환율이 정확하게 1이 아니더라도 일정한 상수 값을 가질 경우는 상대적 구매력 평가설이 성립하는 것으로 간주할 수도 있다.

비교 시점의 실질환율 수준이 1 혹은 100이라면 이는 균형 환율을 이룬 상태로서 양국 통화 간의 구매력이 등가임을 나타내준다. 비교 시점의 실질환율 수준이 1보다 큰 경우에는 자국 통화가 기준 시점에 비해 저평가 및 외국 통화에 비해 상대적 구매력이 하락하여 자국 상품의 수출경쟁력이 강화되었음을 뜻한다. 이 같은 현상은 자국 통화의 평가절하율이 양국 간의 물가 상승률 격차보다 클 때 나타난다. 반대로 비교 시점의 실질환율 수준이 1보다 작은 경우에는 자국 통화가 기준 시점에 비해 고평가 및 외국 통화에 비해 상대적 구매력이 상승하여 자국 상품의 수출경쟁력이 약화되었음을 의미한다. 이 같은 현상은 자국 통화의 평가절하율이 양국 간의 물가 상승률 격차보다 작을 때 나타난다.

아래의 〈사례 3-4〉는 한국의 실질환율에 대한 주요한 시계열 자료를 나타내고 있다.

사례 3-4

연도	원-엔 실질환율	원-엔 실질환율지수	원-달러 실질환율	원-달러 실질환율지수
2005	1.0345	0.924	3.0270	0.988
2006	0.9715	0.868	3.0007	0.980
2007	0.9439	0.843	2.9904	0.976
2008	1.0594	0.946	3.0598	0.999
2009	1.1489	1.026	3.1109	1.016
2010	1.1195	1	3.0629	1
2011	1.1243	1.004	3.0405	0.993
2012	1.1216	1.002	3.0475	0.995
2013	1.0178	0.909	3.0358	0.991
2014	0.9722	0.868	3.0202	0.986
2015	0.9452	0.844	3.0489	0.995
2016	0.9981	0.892	3.0610	0.999
2017	0.9668	0.864	3.0502	0.996

만일 비교 시점의 실질환율이 기준 년도 실질환율 혹은 지수 = 1(기준 년도 = 2010) 보다 크다면 상대국 통화 대비 자국 통화가 기준 시점에 비해 저평가 및 상대국 통화에 대해 상대적 구매력 하락(수출경쟁력 강화)됨을 의미한다. 반대로, 비교 시점의 실질환율이 기준 년도 실질환율 혹은 지수 = 1보다 작다면 상대국 통화 대비 자국 통화가 기준 시점에 비해 고평가 및 상대국 통화에 대해 상대적 구매력 상승(수출경쟁력 약화)됨을 의미한다.

〈사례 3-4〉에 따라, 한국의 원화는 2013년 이후 일본 엔화와 미국 달러화에 대해 각각 기준 시점에 비해 고평가되어 상대적 구매력이 상승임을 나타내고 있다.

구매력 평가 접근 방법에 따라 균형 환율을 추정하려면 구매력 평가설이 성립하여야 한다. 구매력 평가설의 성립 여부를 검정하기 위해 실질환율을 대수로 변환시키고 회귀모형식으로 나타내면 아래와 같다.

$$S_t = \alpha + \beta(P_t - P^*_t) + \varepsilon_t$$

여기서 S_t = 현재 t시점의 환율, P_t = t시점의 국내 물가, P^*_t = t시점의 외국 물가, α = 절편계수, β = 기울기계수, ε_t = 오차항.

상기의 통계적 모형은 환율과 물가격차 간의 확률적인 관계를 나타낸다. 실제의 경제데이터를 사용하여 경험적으로 추정한 결과, α = 0이고 β = 1이면 절대적 구매력 평가설이 성립된다고 판단한다. 한편, $\alpha \neq 0$이고 β = 1이면 상대적 구매력 평가설이 성립된다고 본다. 따라서 β의 추정 값이 통계적으로 1과 다르지 않다면 구매력 평가설은 성립한다고 판단한다.

그러나 β의 추정 값이 통계적으로 1과 다르다면 구매력 평가설은 실증적으로 타당성이 없다는 것이다. 현실에서 구매력 평가설이 성립되지 않는다는 말이다.

그동안 연구에서는 구매력 평가 접근법에다 OLS 또는 GLS로 추정하여 계수들의 유의성을 검정했고, 점차 개선된 계량분석기법인 단위근 검정이나 공적분 검정 더 나아가 패널 분석 추정법으로 추정하여 유의성을 검정해왔다. 그렇지만 실증분석들을 종합해 보면 구매력 평가설의 성립 여부에 대한 결과가 균일하지가 않았다. 또한 구매력 평가설이 성립하지 않는 경우에는 어떤 균형 환율도 도출할 수가 없다.

그런데 2018년 1월에 한국 원화는 미국 달러화 대비 약세이나 양적완화를 시행하는 유로화와 엔화 대비 강세를 보였기 때문에 BIS 기준 실질실효환율(2010년도 기준 100)이 123.2로 원화가 고평가되고 있었다. 원화가 2010년과 비교해서 주요국 통화 대비 23.2% 고평가돼 있다는 의미이다. 실질실효환율은 교역 상대국들 전체의 평균 환율로서 상승세를 보이는 것이다. 그러나 원화에 대한 시각이 BIS는 고평가였지만 IMF는 저평가로 분석되기도 했다. 다음 절부터 실질실효환율에 대해 자세히 설명해보자. 다음 절부터 실질실효환율에 대해 자세히 살펴보자.

(2) 실질실효환율지수

구매력 평가설에 기초한 실질실효환율로 환율 수준의 적정성 여부를 판정해왔는데 실질실효환율은 실질환율과 명목실효환율의 개념을 통합해서 비교 대상국을 주요 교역 상대국들로 확대시켜 작성한 것이다. 실질환율을 통한 양국 간의 환율 변화에서 실질실효환율을 통해 세계 각국들의 환율 변화를 고려하게 되었다. 따라서 실질실효환율지수는 한 통화가 교역대상국들에 비해 구매력이 어느 정도인지를 평가하는 지표이다.

절대적 구매력 평가가 완화된 상대적 구매력 평가설에 따라 균형 환율을 추정하는 방법이 널리 이용됨에 따라 실질실효환율로 환율 수준의 적정성 여부를 판정해왔다. 실질실효환율은 장기에서 구매력 평가설이 성립한다는 것을 전제로 한다. 실질실효환율은 실질환율과 명목실효환율을 통합해 이국 간의 환율 변화에서 세계 각국들의 환율 변화를 고려한 것으로, 실효(다국 간 무역으로 가중 평균함)로 정의된 지수이다.

한 나라의 특정국가에 대한 실질실효환율은 개별적으로 실질환율에다 상대국의 무역가중치를 곱하면 구해진다.

$$q^{e,j} = w^j \cdot q^j$$

여기서 $q^{e,j}$ = 자국의 j국 통화에 대한 실질실효환율, q^j = 자국의 j국 통화에 대한 실질환율, w^j = 상대국의 무역가중치.

이러한 방식으로, 한 나라의 교역 대상국(n개국)에 대한 실질실효환율(q^e)은 아래의 식을 통해 구해진다.

$$q^e = \sum_{j=1}^{n} w^j q^j$$

실질실효환율지수는 실질실효환율 수준을 특정 시점을 기준으로 비교할 수 있는 지수의 형태로 나타낸 것이다. 아래와 같다.

$$실질실효환율지수 = \frac{q_t^e}{q_0^e}$$

일반적으로 실질실효환율을 추정할 때 고려해야 할 사항은 물가지수의 선택, 교역 대상국의 범위 결정, 상대국에 적용할 교역 가중치 결정, 기준 시점의 선택이 있다.

한 나라의 실질실효환율지수에 대해 달리 검토해보면 아래와 같다. 무역상대국에 대한 가중치가 주어진 경우에 실질실효환율은 양국 실질환율의 기하가중평균으로 계산된다. 실질실효환율지수는 비교 시점의 명목실효환율지수를 구매력 평가지수로 나누어줌으로써 산출된다.

$$실질실효환율지수 = \frac{명목실효환율지수}{구매력평가지수}$$

$$명목실효환율지수 = \frac{\sum_{j=0}^{n} w^j [S_{j,t}/S_{j,0}]}{[S_{i,t}/S_{i,0}]}$$

$$구매력 \ 평가지수 = \frac{\sum_{j=0}^{n} w^j [P_{j,t}/P_{j,0}]}{[P_{i,t}/P_{i,0}]}$$

여기서 $w^j = j$국의 가중치, $S_{j,t} =$ 비교 시점(t)에서 j국 통화의 환율, $S_{j,0} =$ 기준 시점(0)에서 j국 통화의 환율, $S_{i,t} =$ 비교 시점 자국(i)의 환율, $S_{i,0} =$ 기준 시점 자국 통화의 환율. 그리고 $P_{j,t} =$ 비교 시점 j국의 물가지수, $P_{j,0} =$ 기준 시점 j국의 물가지수, $P_{i,t} =$ 비교 시점 자국의 물가지수, $P_{i,0} =$ 기준 시점 자국 물가지수이다.

다시 말해, 실질실효환율지수는 자국 통화의 명목환율 변동에 대해 자국과 교역 상대국들 간의 교역량 등으로 가중 평균한 명목실효환율지수에 상대적인 물가 상승률 차이를 반영해서 산출된다. 실질실효환율은 기준 연도 대비 지수로서 대상 국가들의 인플레이션 차이를 조정시킨 통화바스켓에 대한 통화의 무역가중 평균환율을 측정한다. 실질실효환율은 한 나라와 무역 상대국들 간의 쌍무 실질환율의 평균을 의미한다. 따라서 각국의 실질실효환율을 비교하면 국제경쟁력의 증감을 판단할 수 있다. 실질실효환율을 균형 환율로 간주해서 교역 상대국들의 통화에 비해 절상이나 절하 여부도 판정할 수 있다.

실질실효환율을 계산하는 방법론 측면에서 보면, 전통적 실질실효환율은 IMF와 BIS가 발표하는 실질실효환율지수를 의미한다. 실질실효환율은 IMF와 BIS의 지수가 대표적인데 지수산출의 방법론이 서로 다르다. 무역흐름에서 IMF는 상품, 제조품 및 서비스를 포함시키지만 BIS는 제조품만 대상으로 삼는다. 이에 따른 가중치 방식에서 IMF는 국내시장 규모를 고려한 무역 상대국의 무역비중으로 가중치로 삼는 반면 BIS는 무역흐름에만 가중치를 부여한다. 무역흐름과 가중치 방식에는 차이가 있지만 IMF와 BIS의 지수는 매우 유사한 결과를 가져다준다고 한다.

가중치의 산출방식과 관련, IMF 지수의 경우 자국의 교역 상대국 j에 대한 무역 가중치(W^j)는 상품, 제조품, 서비스의 무역가중치 총합을 아래와 같이 나타낸다.

$$W^j = \alpha_C W_C + \alpha_M W_M + \alpha_S W_S$$

여기서 W_C, W_M, W_S는 각각 상품, 제조품, 서비스의 비중 가중치를, α_C, α_M, α_S는 각각 상품, 제조품, 서비스의 무역 비중을 말한다($\alpha_C + \alpha_M + \alpha_S = 1$).

반면에 BIS 지수의 경우 무역가중치는 제조품의 무역비중만으로 나타낸다.

$$W^j = W_M$$

또한, 교역가중치 부과 방식에서 한 나라가 무역 상대국에 대한 가중치를 측정할 때에 수입 경쟁, 직접 수출경쟁, 제3시장 수출경쟁을 반영할 필요가 있다. 수입 가중치는 수입하는 개별 상대국의 상대적 비중을 측정해주지만, BIS 지수의 경우는 국내 생산자의 규모와 무관하다고 가정하므로 국내산출물의 자국 공급을 고려하지 않는다. 반면 수출 가중치는 직접 수출경쟁과 제3시장 수출경쟁을 포함시킨 이중 가중치이다. 따라서 한 나라의 상대국에 대한 가중치는 무역에 대한 수입과 수출의 상대 비중에 따른 수입 가중치와 수출 가중치의 합으로 구축된다.

국제결제은행(2006)의 실질실효환율지수[3]를 중심으로 살펴보면, 본 지수는 수출입 비중을 고려하는 가중치 방식을 사용한다. 이 경우 자국(i)의 무역 상대(j)에 대한 무역 가중치(w^j)는 아래와 같다.

$$w^j = \left(\frac{m_i}{x_i + m_i} \right) w^{j,m} + \left(\frac{x_i}{x_i + m_i} \right) w^{j,x}$$

여기에서 m_i = 자국의 총수입, x_i = 자국의 총수출, $w^{j,m} = \left(\dfrac{m_i^j}{m_i} \right)$ = j국에 대한 수입 가중치, m_i^j = 자국의 j국으로부터의 수입, $w^{j,x} = \left[\left(\dfrac{x_i^j}{x_i} \right) \left(\dfrac{y_i^j}{y_i^j + \displaystyle\sum_h x_h^j} \right) + \displaystyle\sum_{k \neq j} \left(\dfrac{x_i^k}{x_i} \right) \right.$

---

3   BIS의 교역재는 제조업 재화를, 바스켓 크기는 넓게 51개의 통화와 좁게 26개의 통화로, 실질 조정은 소비자 물가지수로, 기준 연도는 3년마다 연쇄가중치로 업데이트 함.

$$\left[\left(\frac{x_j^k}{y_i^k + \sum_h x_h^k}\right)\right] = j국에 대한 수출 가중치, \; x_i^j = 자국의 j국으로 수출, \; y_i^j = j국의 제조$$

업 국내생산 공급, $\sum_h x_h^j$ = 자국 제외 국가들의 j국으로 수출 총합, x_i^k = 자국의 j국

제외한 제3국인 k국으로 수출, y_i^k = k국의 제조업 국내생산 공급, $\sum_h x_h^k$ = 자국과 j국

제외한 국가들의 k국으로의 수출 총합. x_j^k = j국의 자국 제외한 k국으로 수출.

비교 시점의 지수가 1 혹은 100 이상이면 자국 통화가 기준 연도(1 혹은 100)보다 고평가 및 여타 교역국들의 통화에 대해 평균적으로 고평가되었음을 나타낸다. 비교 시점의 지수가 1 미만이면 자국의 화폐가치가 다른 교역국들의 통화에 대해 기준 연도에 비해 저평가돼 있다는 것을 뜻한다. 참고로 실질환율이나 실질실효환율은 기준 연도를 2010년도 등 언제로 정하느냐에 따라 지수 값이 달라진다.

첫째, 〈실질실효환율지수〉

비교 시점 지수 > 기준 연도 지수(= 1) ⇒ (교역국 통화들 대비) 자국 통화 고평가

비교 시점 지수 < 기준 연도 지수(= 1) ⇒ (교역국 통화들 대비) 자국 통화 저평가

현시점에서 한국 원화가 얼마나 고평가나 저평가됐는지 알아보기 위해 실질실효환율지수로서 균형 환율을 구해 비교해보았다. 실질실효환율지수에 따르면 2018년 1월에 원화는 고평가된 상태이다. 그러나 2012년 10월 말의 실질실효환율을 지난 2000 ~ 2012년 동안의 실질실효환율의 평균과 비교해보니 한국은 −8.0%, 미국은 −14%, 일본은 −1.6%로 저평가되었고 중국은 12.7%로 고평가되어 있었다. 신흥국은 발라사-새뮤얼슨 효과로 인해 경제성장에 따라 실질실효환율이 지속적으로 상승하는 것이 일반적이라는 설명이 중국에 해당된다.

아래의 〈사례 3-5〉는 한국과 미국의 실질실효환율에 대한 주요한 시계열 자료를 나타내고 있다. 대체로 교역대상국의 범위(26개국), 무역가중치 등의 측정 방법은 BIS의 방법론에 따라 계산되었다.

사례 3-5

연도	한국 원화 실질실효환율지수	미국 달러화 실질실효환율지수
2005	0.980	1.058
2006	0.979	1.033
2007	0.993	0.954
2008	1.023	0.954
2009	1.045	0.948
2010	1	1
2011	1.001	0.970
2012	1.014	0.997
2013	1.019	0.966
2014	1.010	1.012

만일 비교 시점의 실질실효환율지수가 기준 년도 지수=1(기준 년도 = 2010) 보다 크다면 상대 교역국(26개국) 통화들 대비 자국 통화가 기준 시점에 비해 고평가됨을 의미한다. 반대로, 비교 시점의 실질실효환율이 기준 년도 지수 = 1보다 작다면 상대국 통화들 대비 자국 통화가 기준 시점에 비해 저평가됨을 의미한다.

이에 따라, 2008년 이후 한국의 원화는 상대 교역국 통화들에 대해 기준 시점에 비해 고평가되어 상대적 구매력이 상승임을 나타내고 있다. 반면 미국의 달러화는 2011 ~ 2013년간 교역국 통화들에 대해 기준 시점에 비해 저평가됨을 나타내준다.

더 나아가 주요국의 실질실효환율에 대한 최근 시계열 변동을 살펴보면 그림 〈그림 3-1〉과 같다.

한국, 미국, 중국은 실질실효환율지수가 100 이상에 위치하여 통화가치가 고평가된 상태이다. 반면 일본과 유럽은 100 이하에 위치하여 통화가치가 저평가된 상태이다.

한국의 경우 2000년 이후에도 100 이상이지만 경상수지 흑자의 기조를 유지하고 있다. 이는 산출한 실질실효환율지수와 달리 원화가 실제로는 여전히 저평가 상태이거나 실질실효환율지수의 산출 기준이 낮았거나 등에서 그 원인을 찾을 수 있다.

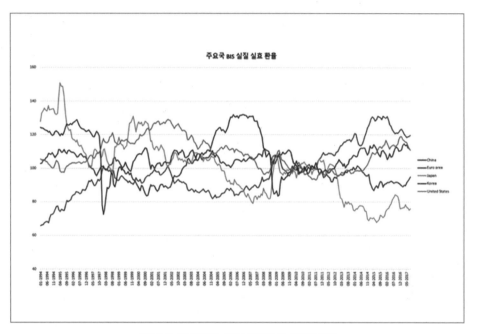

〈그림 3-1〉 주요국 실질실효환율의 시계열 변화

다음, 실질실효환율지수를 균형 환율로 사용해서 장기 환율 예측이 형성되는 동태적 경로 및 그 방향을 나타내면 아래와 같다.

> 첫째, 〈실질실효환율 균형 환율 – 경상수지〉
> 경상수지 흑자 ⇒ 실질실효환율 상승 ⇒ (국내통화 강세) 환율 하락 예측
>
> 경상수지 적자 ⇒ 실질실효환율 하락 ⇒ (국내통화 약세) 환율 상승 예측
>
> 둘째, 〈실질실효환율 균형 환율 – 물가〉
> 물가 상승률↑ ⇒ 경상수지 적자 ⇒ 실질실효환율 하락 ⇒ 환율 상승 예측
>
> 물가 상승률↓ ⇒ 경상수지 흑자 ⇒ 실질실효환율 상승 ⇒ 환율 하락 예측
>
> 셋째, 〈실질실효환율 균형 환율 – 통화가치〉
> 경쟁국 통화가치 상승 ⇒ 실질실효환율 하락 ⇒ 환율 상승 예측

무엇보다, 실질실효환율은 명목환율 및 각국의 물가지수와 수출구조를 가중치로 이용하기 때문에 장기에서 자국수출의 가격경쟁력 변화를 판단하는 데 도움을 준다. 한 통화의 수출경쟁력을 분석하기 위해서는 명목환율보다 실질실효환율을 고려해야 할 것이다.

구매력 평가 접근법에 따른 균형 환율의 추정 방법은 국제 상품가격이 장기적으로 균등해지고, 계산이 간편하다는 장점을 지닌다. 실질실효환율은 교역 상대국과의 상대적 물가 변동과 교역량 변동을 감안하고 있다.

그렇지만 기준 시점에서의 대내 균형을 고려하지 못하고, 기준 시점의 선택에 따라 균형 환율이 차이가 나며, 기초경제 여건의 변화(생산성 변화, 제도적 변화 및 여타 실물 부문의 변화)를 반영하지 못하는 한계를 가지고 있다. 이에 따라 실물충격(기술·생산성 변화 등), 명목충격(통화정책 변화 등), 자본 유출입으로 거시경제의 균형이 변한 경우 균형 환율의 자체적 변동을 균형 환율과의 괴리로 오해할 수가 있다.

오늘날 실질실효환율지수는 국제통화기금(IMF), 국제결제은행(BIS), 경제협력개발기구(OECD), 각국의 중앙은행 등에서 작성하여 발표하고 있다. 그렇지만 구성통화, 가중치, 거래대상품목, 업데이트주기, 지수산출방식 등에서 차이가 나기 때문에 동일하지가 않다.

전통적인 실질실효환율은 상대 물가의 변화를 측정하기 위해 소비자 물가지수를,

직간접 무역의 가중치를 측정하기 위해서는 총액 무역흐름을 사용한다. 실질실효환율지수의 측정에서 중요한 특징을 BIS의 방법론 등을 중심으로 다시 정리해보자.

첫째, 실질환율은 명목환율을 국내외 물가로 조정해준다. 그런데 물가는 측정할 목표에 따라 소비자물가, 생산자물가, 수출물가, GDP 디플레이터, 단위노동비용 가운데 하나로 결정될 것이다. BIS는 소비자 물가지수를 사용한다.

둘째, 실질실효환율의 평균 계산 방식과 관련해서, 산술평균한 지수는 기준 연도가 변하면 왜곡될 수 있기 때문에 기하평균이 산술평균보다 더 선호된다. 기준 시점과 비교 시점의 기하평균 가중환율의 비율을 기준 시점의 실질환율에 연계시켜서 실질실효환율을 계산하고 있다.

셋째, 실질실효환율은 실질환율을 교역 상대국의 교역량으로 가중 평균해준다. 이 경우 교역 상대국을 어느 정도로 포함시켜야 할 것인지를 결정해야 한다. BIS는 광의의 지수에는 61개국을, 협의의 지수에는 27개국을 선정한다.

넷째, 무역 가중치 방식을 결정해야 한다. BIS는 제조업 수출입에 기반한 교역량 가중 방식을 따른다. 특히, 3년 평균 연쇄적 연계된 시변 가중치, 유로지역 전체를 하나로 취급, 제3시장 경쟁, 환적 효과를 포함하고 있다. 만약 시간에 따라 변하는 무역 가중치를 반영하지 않으면 무역패턴의 변화를 반영하지 못해 추세가 왜곡될 수 있다. 그러나 시변 가중치를 사용할 때는 지수변동의 원인이 가중치 변동인지 환율 변동인지 불분명해진다.

따라서 실질실효환율은 단기적인 환율 변동을 설명하기 어렵고, 기준 연도와 물가지수의 선택, 교역 대상국들의 선정, 가중치 부여방식 등의 지수계산 방법에 따라 지수의 값이 달라질 수 있다. 그러므로 모든 목적을 충족시켜주는 단 하나의 실질실효환율지수는 존재할 수가 없다.

특히, 실질실효환율지수가 추정하는 균형 환율이 구매력 평가에 입각한 물가 요인(통화 요인)은 중시하지만 교역조건, 생산능력(생산성), 경기변동 등의 실물요인을 고려하지 않고 있다. 그러나 현실에서는 구조적 또는 실물적 요인이 균형 환율의 결정에 영향을 미친다. 따라서 실물요인을 고려한 거시경제 관점에서의 대내외 균형이 달성되는 환율 수준을 균형 환율로 추정하는 거시경제균형 접근 방법이 필요해진다.

(3) 거시경제균형 접근 방법

일국경제 균형이 대내부문과 대외부문의 동시균형(거시경제의 일반균형)을 달성한 경우로서 경제정책의 근본 목표라면, 균형 환율에 대한 거시경제균형 접근법이란 대내외적 균형을 바탕으로 균형 환율을 추정하는 방법이다.

거시경제균형 접근법은 결정요인으로서 기초경제 여건을 중시하여 완전고용, 물가안정, 국제수지 균형 등의 거시경제의 균형을 달성시켜주는 환율 수준을 균형 환율로 정의하고 이를 추정하는 방법이다.

거시경제균형 접근법에 따라 기초경제 여건에 부합하는 균형 환율을 도출하는 기본 구조모형 및 구체적인 분석모형들에 대해 논의해보자. 한 나라의 균형 환율의 결정 및 추정 방법에 대해 알아본다.

더 나아가 다음 절에서는 세계화에 따른 글로벌 가치사슬의 확대 및 수직적 특화의 강화로 인해 제시된 새로운 시도에 대해 살펴보기로 한다.

■ 거시경제균형에서 균형 환율 결정

일반적으로 거시경제의 균형이란 대내 균형과 대외 균형이 동시에 달성되는 상태를 의미한다. 한 나라의 대내 균형은 개방경제 국민소득 항등식으로, 대외 균형은 국제수지 균형으로 보통 나타낼 수 있다. 대내외 균형의 개념은 균형 환율을 결정해주는 구조모형의 토대가 된다.

다시 말해, 대내 균형이란 물가 상승이 없이 잠재성장률 수준으로 최대한 생산을 이루는 상황을 말한다. 적어도 노동시장에서 완전고용을 달성하여 케인지언이 주장한 명목임금의 경직성으로 인한 경기적 실업이 명목임금의 신축성에 의해 해소된 장기적 상태를 말한다. 따라서 대내 균형은 일정 시점의 물적자본하에서 노동시장의 균형과 재화시장의 균형을 뜻한다.

대내 균형의 경우 대내부분의 총공급이 총수요와 일치하게 된다. 이를 개방경제에서의 국민소득 항등식으로 나타내보면 총공급(Y)과 총수요($C + I + G + X - M$)가 일치하게 된다. 즉,

$$Y = C + I + G + (X - M) \quad \text{또는}$$

$$Y = A + (X - M)$$

여기서 Y = 총생산(국민소득), C = 소비, I = 투자, G = 정부 구매, $A = C + I + G$ = 국내총지출, X = 수출, M = 수입, $(X - M)$ = 순수출.

한 나라의 대내 균형 상황에서 총생산(Y)은 국내총지출(A)과 실질환율(R)과는 양의 관계이다. 국내총지출이 증가하면 총생산이 증가하고 실질환율이 상승하면 순수출이 증가하여 총생산이 증가하기 때문이다. 이것은 다음과 같은 암묵적인 함수모형으로 나타낼 수 있다.

$$Y = f(A, R), \quad f_A > 0, f_R > 0$$

여기서 f = 함수기호, f_A = Y에 대한 A의 일차 미분식, f_R = Y에 대한 R의 일차 미분식.

이 식은 대내 균형을 충족시키는 실질환율과 국내총지출(혹은 총생산)의 조합점들을 나타낸다. 우하향하는 모습을 보이는 것은 실질환율 하락(평가절상)이 순수출은 감소시키지만 완전고용하의 생산수준(잠재생산량)을 유지하기 위해 순수출 감소분을 상쇄할 만큼 국내총지출이 증가함을 나타내준다.

한편, 대외 균형이란 대외 경제거래의 균형이 달성된 상태로서 일정 기간에 걸친 국제수지의 균형을 가리킨다. 간단히, 대외 균형은 순수출로 나타낸 경상수지(CA)가 순자본 유출(NCO)과 균등한 균형 상태에 있을 때 달성된 것으로 볼 수 있다. 즉,

$$CA = 0$$

경상수지가 흑자인 경우($Y - A = CA > 0$)라면 국내총생산이 총지출보다 더 큰 상태로서 지출하고 남은 생산물을 해외로 순수출하고 증가한 순해외자산은 순자본 유

출로 나타난다. 역으로 경상수지가 적자인 경우에는 외국차입이 늘어나서 순해외자산이 감소하는 순자본유입이 발생한다.

대외 균형의 상황에서 경상수지(CA)는 총지출(A)과 음의 관계이고 실질환율(R)과는 양의 관계이다. 국내총지출이 늘어나면 수입이 증가해 순수출이 감소하고, 실질환율이 상승하면 순수출이 증가하기 때문이다. 이는 다음과 같은 암묵적 함수모형으로 나타낼 수 있다.

$$CA = g(A, R), \qquad g_A < 0, g_R > 0$$

여기서 g = 함수, g_A = CA에 대한 A의 일차 미분식, g_R = CA에 대한 R의 일차 미분식.

이 식은 대외 균형을 충족시키는 실질환율과 국내총지출(혹은 총생산)의 조합점들을 나타낸다. 우상향하는 모습을 보이는 것은 국내총지출이 증가하면 경상수지의 적자를 초래하지만 경상수지 균형을 유지하기 위해 순수출 감소분을 상쇄할 만큼 실질환율이 상승함을 나타내준다.

마침내 균형 환율은 대내 균형과 대외 균형이 동시에 달성되는 국민경제의 균형에서 결정된다. 대내외 균형 조건식, $Y = f(A, R)$와 $CA = g(A, R)$를 동시에 충족시키는 균형실질환율(R)이 정상상태(동태적 균형상태)하에서 결정된다.

그런데 생산성, 교역조건 등 대내외 경제 여건의 변화로 인해 대내외 균형이 변동하는 경우 균형 환율(균형실질환율)도 변동한다. 기초경제 여건과 외생적 충격에 의해 균형 환율이 움직이는 동태적 경로 및 그 방향을 나타내면 다음과 같다.

첫째, 거시경제균형(대내외 경제균형) ⇒ 균형 환율 결정

둘째, 교역재에 정부 지출↑(확장재정정책) ⇒ 교역재 수입↑ ⇒ 무역수지 적자
⇒ (무역적자 해소를 위해) 균형 환율 상승

> 셋째, 비교역재에 정부 지출↑(확장재정정책) ⇒ 비교역재의 초과수요
> ⇒ 교역재에 대한 비교역재의 상대가격↑ ⇒ 민간 소비↓ ⇒ 균형 환율 하락
>
> 넷째, 세율↑(재정적자 감축, 긴축재정정책) ⇒ 교역재 생산↓, 비교역재 생산↓
> ⇒ 균형 환율 상승, 균형 환율 하락
>
> 다섯, 교역재부문 생산성↑(발라사−새뮤얼슨 효과) ⇒교역재부문 고용↑과 임금↑,
> 비교역재부문 고용↓과 임금↓ ⇒ 교역재 생산↑, 비교역재 생산↓
> ⇒ 균형 환율 하락
>
> 여섯, 국제금리↓ ⇒ 자본유입↑ ⇒ 미래 상환부담↑ ⇒ 균형 환율 상승
>
> 일곱, 교역조건 개선(수입재에 대한 수출재의 가격비율↑) ⇒ 무역수지 흑자,
> 비교역재 생산↓ 및 비교역재 가격↑ ⇒ 균형 환율 하락
>
> 여덟, 자유무역정책(수입관세 인하, 수출보조금 폐지) ⇒ 수입재 가격경쟁력↑,
> 수출재 가격경쟁력↓ ⇒ 무역수지 적자 ⇒ 균형 환율 상승

■ 거시경제의 균형 환율 추정 방법

거시경제균형 접근 방법에서는 바람직한 경제상황으로서 대내외균형이 달성될 때 도출된 환율 수준을 균형 환율로 정의한다. 대부분의 연구에서는 대내 균형을 총생산(GDP)이 잠재 GDP의 수준에 도달한 상태로 정의하고 있다. 반면 대외 균형에 대해 국제수지가 균형수준에 있는 상태라는 점에는 이견이 없지만 실제 균형수준의 추정에는 관점에 따라 다양한 정의가 이용되고 있다.

　거시경제의 균형 측면에서 균형 환율을 정의해 추정하는 접근 방법은 스완(1963)이 제안한 이래, 대표적인 연구로는 널크스(1945)에 기초한 윌리엄슨(1985)의 기초균형 환율, 1970년대 IMF의 소망균형 환율, 스테인(1995)의 자연실질환율, 에드워드(1989)의 균형실질환율, 클락과 맥도널드(1998)의 행태적 균형 환율 접근법 등이 있다.

　대외 균형조건과 관련, 환율 변동을 예측하는 지표로서 경상수지가 우선 순위가 될 수 있다. 환율은 순수출이 증가하면 하락하고 순수출 증가의 결과로 순자본 유출이 증가

하면 상승하는데 이를 경상수지의 증감여부로 설명할 수 있기 때문이다. 이에 따라, 단순한 경상수지 균형(경상수지 = 0)을 비롯해 기초균형 환율은 기조적 경상수지 균형으로, 소망균형 환율은 목표한 경상수지 균형으로, 자연실질환율은 장기적 자본 유출입과 일치된 경상수지로, 균형실질환율은 교역재와 비교역재의 상대가격으로, 그리고 행태적 균형 환율은 이자율 평가설에 따른 자본 이동을 중시하면서 대외 균형을 추정하고 있다. 각 접근법들의 주요 내용을 비교해보면 다음과 같다.

첫 번째, 기초균형 환율은 대내외 균형에서의 환율 수준을 균형 환율로 정의하고서 일반균형을 전제한 거시경제 구조모형을 추정하여 장기적인 균형 환율을 도출한다. 일정 기간 동안 대내 균형과 대외 균형이 동시에 달성되는 일반균형에서 결정된 균형 환율을 기조적 균형 환율이라고도 부른다.

기초균형 환율(기조적 균형 환율)은 대내적으로 국민경제가 잠재 국내총생산(GDP)에 도달하고 대외적으로는 경상수지가 균형 수준을 달성할 수 있는 환율 수준을 말한다. 특히, 기조적 균형 환율은 대외 균형을 경상수지의 기조적인 균형 상태로 가정한 연립방정식 형태의 거시모형을 통해 내생적으로 결정된다.

여기서 경상수지의 기조적인 균형 상태(기조적 경상수지 균형)란 경상수지가 적자일지라도 적자규모가 경제규모에 비해 크지 않고 자본유입으로 뒷받침될 수 있어서 적자를 감내 가능한 경상수지 수준을 말한다. 감내 가능한 적자 수준에 대해 논란이 있으나 GDP 대비 5% 이내로 보기도 한다.

기조적 균형 환율을 기준으로 이 보다 현재 환율이 높거나 낮다면 환율의 가격조절 기능에 따라 환율은 하락압력이나 상승압력을 받게 된다. 미국 피터슨 연구소는 2016년 11월에 원-달러화의 기조적 균형 환율을 974원으로 제시했는데, 당시 환율이 1,130원대여서 한국은 환율 조작국으로 의심을 사면서 환율 하락(원화절상) 압력을 받았다.

기초균형 환율을 이용해서 장기적 환율 예측이 형성되는 경로 및 그 방향을 나타내보면 다음과 같다.

첫째, 〈기초 균형 환율〉

현재 환율 > 기조적 균형 환율 ⇒ 환율 하락 압력 ⇒ 환율 하락 예측

현재 환율 < 기조적 균형 환율 ⇒ 환율 상승 압력 ⇒ 환율 상승 예측

두 번째, 소망균형 환율은 대내외 균형에서의 환율 수준을 균형 환율로 정의하지만 기초균형 환율의 개념을 다소 변형시켜 암묵적으로 목표한 경상수지를 대외 균형으로 가정한다. 잠재성장률이 달성된 대내 균형 상태에서 대외적으로 목표한 경상수지에 도달한 동시 균형에서 결정된 실질환율 수준을 말한다. 예를 들면, 목표 경상수지란 경상수지 목표제로 GDP 대비 경상수지 비율을 ±4% 등으로 제한시킨 기준을 맞추는 것을 의미한다.

소망균형 환율은 대내 균형 및 목표 경상수지 대외 균형을 달성하는 바람직한 환율 수준이다. 만일 대내 균형인 잠재성장률이 달성된 상태에서 실제의 환율이 소망균형 환율보다 높다면 자국 통화가 고평가된 것으로 경상수지가 목표치에 못 미치게 된다. 현재 환율이 소망균형 환율보다 높은 경우 자국 통화가 평가 절상된 상태로 목표 경상수지는 적자이다. 반대로 잠재성장률 수준에서 현재 환율이 소망균형 환율보다 낮다면 자국 통화가 저평가된 것으로 경상수지가 목표치를 넘어서 경상수지의 흑자 달성이 가능하다.

소망균형 환율을 이용해서 장기적 환율 예측이 형성되는 경로 및 그 방향을 나타내 보면 다음과 같다.

둘째, 〈소망균형 환율〉

현재 환율 > 소망균형 환율 ⇒ 자국 통화 고평가(목표 경상수지 적자)
⇒ 환율 하락 예측

현재 환율 < 소망균형 환율 ⇒ 자국 통화 저평가(목표 경상수지 흑자)
⇒ 환율 상승 예측

세 번째, 균형 환율에 대한 대안으로 자연실질환율이 제시되었다. 자연실질환율은 투기적 요소와 경기적 요소를 제거하고 완전고용 상태에서 대외 균형을 만족시키는 실질환율 수준을 말한다. 대내적으로는 생산이 자연실업률(잠재생산량) 수준에 도달하면서 대외적으로 경상수지가 장기자본의 유출입과 일치되는 상태에서 결정된다. 특히, 후자는 경상수지가 해외자본에 의해 조달될뿐더러 자본 이동이 지속가능함을 나타낸다.

자연실질환율은 실질환율을 저축과 투자 및 경상수지와 연결시키고, 순대외 부채와 자본스톡이 정상상태(동태적 균형)에 도달하는 균형실질환율을 설명해준다. 자본거래가 경상수지 및 환율에 영향을 주는 것으로 가정하고 있다. 완전고용하에서 저축과 투자의 격차는 경상수지의 불균형으로 이어지고 지속가능한 순자본 유출을 통해 해소된다.

일국의 경제균형에서는 저축 − 투자 = 경상수지 또는 저축 − 투자 = 순자본 유출. 만일 투자나 소비가 저축보다 크다면 경상수지가 적자로서 순자본유입이 발생하고 자연실질환율은 상승하게 된다. 반대로 저축이 투자에 비해 증가하다면 경상수지 흑자로 순자본 유출이 발생하고 자연실질환율은 하락한다.

네 번째, 균형실질환율이란 대내 균형과 대외 균형을 동시에 달성하는 교역재와 비교역재의 상대가격을 의미하는 균형 환율이다. 한 통화의 균형실질환율은 교역조건, 자본 이동(순대외자산), 생산성 차이(기술진보) 등으로 추정한다. 한 나라의 교역조건, 순대외자산, 생산성이 높을수록 균형실질환율은 고평가된다.

기초경제 변수가 균형 환율의 결정에 미치는 영향을 살펴보기 위해 추정한 소규모 개방경제를 가정한 환율모형에 의하면 교역조건, 자본수지(자본 이동), 생산성 차이, 투자율 등이 장기적인 환율 변동을 적절히 설명해준다. 자본수지는 균형 환율에 정의 관계로 큰 영향을 주는데 1990년대에 들어와 자본수지의 균형 환율에 대한 기여도가 크게 늘어났다.

끝으로, 행태적 균형 환율은 위험을 커버하지 않은 이자율 평가설에 따른 자본 이동을 중시하여 이에 영향을 미치는 주요 변수들을 이용하여 행태방정식을 설정하고 도출한 균형 환율이다. 교역조건, 교역재와 비교역재의 상대가격, 자본 이동(순대외자산) 등을 균형 환율 결정의 주요변수로 채택해 모형에 포함시키고 각 변수들의 행태에 반응하는 환율의 민감도를 숫자로 나타내면서 균형 환율을 추정한다.

완전한 자본 이동하에서 위험이 커버되지 않은 이자율 평가 조건을 성립시켜줄 수 있는 기대실질환율이 거시 기초경제 변수들과 관련 있다고 전제하고서 환율움직임을 설명해주는 축약방정식을 도출하고 이를 통해 균형 환율을 추정한다. 그러나 위험이 커버되지 않은 이자율 평가설이 실제로 잘 성립하지 않기 때문에 거의 모든 통화들이 균형에서 이탈하게 된다.

summary

3.3   균형 환율에 대한 부가가치 방법론의 시도

 학습목표

- 글로벌 가치사슬과 부가가치 무역
- 부가가치 균형 환율 접근법

세계경제에서 가치사슬이 지리적으로 분화되어 확대됨으로 중간재의 교역이 증가하는 가운데 각국들은 외국시장에서의 부가가치 공급을 위해 경쟁을 더 치열하게 하고 있다. 한 나라에서 수출입 자체보다 무역에 체화된 부가가치가 경제의 뚜렷한 특성이 됨에 따라 총수출에 비해 수출의 부가가치가 더욱 중요해졌다.

생산의 세계화와 무역의 확대로 인해 생산과정이 다수의 국가를 거쳐 더욱 분업화되고 있다. 글로벌 분업화 과정에서 각 생산과정의 부가가치가 창출 및 확대되어 중간재의 수출입이 증가하고 있다. 세계적인 생산의 분업화는 산업 내 무역 등으로 일부분 설명되다가 최근 들어 글로벌 가치사슬이라고 부른다. 글로벌 가치사슬은 기업의 국제투자 및 무역에서 부가가치가 만들어지는 과정을 의미한다.

국제무역에서 중간재 거래가 국경을 넘으면서 2-3중으로 계산되어 각국의 통관 기준 무역량이 과대평가되기 때문에 순수한 부가가치를 기준으로 무역 및 환율의 역할 변화를 살펴보려는 통상·산업 정책적 연구가 본격적으로 진행되고 있다. 수출의 국내 부가가치를 통해 무역이 경제성장과 경쟁력에 미치는 실제 영향을 파악할 수 있고 무역 불균형을 부가가치 차원에서 이해할 수도 있다. 무역 흐름을 본질적으로 판정해줄 부가가치 무역에 대한 개념적 기반과 추정치를 살펴보면 부가가치에 기준한 이국 무역의 불균형이 총량 기준과 격차가 커지고 있음을 알 수 있다. 또한, 부가가치 기준 수출과 무역 불균형에 대응하여 환율이나 균형 환율도 역시 부가가치 기준으로 살펴볼 필요가 있다.

이 절에서는 글로벌 가치사슬의 확대와 그에 따라 더 중요시된 부가가치를 국제무역 및 환율 측면에서 배경과 필요성에 대해 검토하고, 부가가치에 기초한 수출과 환율에 대해 설명하려고 한다. 특히, 무역의 부가가치에 기준한 균형 환율 접근법에 대해 소개하려고 한다. 이는 경제 예측이나 경제정책의 수립을 위한 기초자료로서 이용될 수 있다. 미래를 대비한 공급망의 재편 방안으로 고민하는 다국적 기업들에게도 귀중한 실마리를 제공할 것이다.

summary

3.3.1 글로벌 가치사슬과 부가가치 무역

시장 세계화와 기업 국제화는 국가 간 상호의존성과 연계성을 강화시키고 기업의 다국적 부가가치 창출활동을 촉진시켰다. 세계화는 정보·운송 기술발달, 무역 장벽과 투자 장벽 감축, 시장자유화, 민영화, 신흥국가 약진으로 세계경제를 빠르게 통합시켰다. 국제화는 세계시장에서 국제무역과 투자활동을 증가시켜 국제비즈니스가 활발해졌다. 선진국 기업이 생산요소가 풍부하고 생산비가 저렴한 개도국에서 조립·생산하고 개도국도 선진국에 많은 투자를 하면서 상호 보완 및 경제발전의 격차 축소로 경쟁적 관계가 심화되고 있다.

과거 브릭스가 해외 직접투자 중심의 성장을 지향한 반면 한국은 수출주도형 전략을 추진했고 외환위기 이후에 해외 직접투자가 활발해졌다. 국제투자가 다국적 가치사슬 형성을 돕고 무역을 촉진시키는 가운데 기업들은 조직, 수입·소싱, 조립·생산, 마케팅 단계별 부가가치 창출활동을 강화하고 있다. 세계화와 국제화로 국제무역과 국제투자가 복잡하게 확대된 글로벌 생산사슬은 수출경로와 산업을 개선할 기회를 제공하지만 생산능력과 기술발전에 따라 위험을 수반하기도 한다.

세계경제에서는 국경을 넘는 거래비용이 감소하는 상황에서 글로벌 가치사슬이 확대되고 있다. 글로벌 가치사슬이란 경제주체가 상품을 개념화하는 단계에서부터 최종 사용이나 회수의 단계까지 이동하는 데 필요한 활동 전반을 말한다. 전 세계에 걸쳐 상품 생산의 공정이 다양하게 나누어진 생산의 분절화 현상을 의미한다.

다양한 산업에서 글로벌 가치사슬이 확대됨에 따라 국제무역, 생산, 고용의 증가 비중 및 세계경제로의 통합 방식이 중요해지고 있다. 글로벌 가치사슬은 각국의 기업, 근로자, 소비자가 연계된 연구개발, 디자인, 생산, 마케팅, 유통·물류 등의 활동을 포괄하고 있다. 따라서 세계시장에서 특정 상품의 생산보다는 상품 생산에서의 특정한 작업이나 경영활동에 전문화시키는 것이 중요함을 강조한다.

오늘날 세계경제에서 글로벌 가치사슬은 생산의 글로벌 분절화 과정으로서 지배적인 특징이다. 기술발전, 비용절약, 자원과 시장 접근성, 무역정책 개선으로 야기된 글로벌 가치사슬은 새로운 가치추구 방법론을 제시해준다. 글로벌 가치사슬 구조는 아카

데미에서 시작되어 각국 정부와 국제기구까지 널리 사용하는 주요 패러다임이 되었다. 특히, 글로벌 가치사슬 분석은 지배구조나 개선·혁신 같은 핵심개념을 사용하여 국제무역, 생산, 고용의 새로운 패턴이 어떻게 개발 및 경쟁력을 강화시키는지에 대해 초점을 맞추고 있다.

각 국가들은 글로벌 공급사슬이 확대됨에 따라 해외시장에서 최종 재화나 총수출이 아닌 공급의 부가가치를 놓고 경쟁하고 있다. 한 나라의 경쟁력은 그 나라의 총산출물보다 부가가치에 대한 수요로 측정하게 된다. 부가가치란 국내의 실제 생산에 기여하는 노동 및 자본(일자리와 투자)을, 부가가치 수요란 노동과 자본의 수요, 즉 고용과 투자를 말한다. 부가가치 수요에 대한 가격 변화 효과도 중요하고, 글로벌 공급망 안에서 생산자가 투입할 중간재를 구매하면 부가가치가 발생하여 생산과정에서의 생산비용이 되므로 수출국에서 부가가치는 생산요소 비용과 일치한다.

한국의 경우 무역의존도가 매우 높은 수준이고 국제적 분업화가 빠르게 진행되는 조립가공 제품의 수출 비중이 높기 때문에 글로벌 가치사슬, 즉 글로벌 생산 네트워크가 확대될수록 국가 간 교역을 총액 기준으로 할 때와 부가가치 기준으로 할 때 그 차이가 커지고 있다. 또한, 기술선도국과 개발도상국 사이 등에서 수직적 분업화가 확산됨에 따라 교역을 부가가치 기준으로 측정할 필요성이 커졌다. 수직적 분업이란 원자재와 최종 재화의 생산을 각각 전문화하여 생산하는 무역 특화의 형태로서 수출재 생산에 투입된 수입중간재를 지칭한다.

2000년대 이후 중간재 무역은 3배 이상 증가해 중간재 무역이 국제무역의 2/3를 넘어선 가운데 무역을 부가가치 기준으로 판단할 필요가 있다. 이는 생산단계별로 부가가치에 기초하여 국제무역을 측정하는 것으로서 수출의 부가가치는 총액 기준 무역이 직면하는 이중계산의 문제를 해결해준다. 수출의 부가가치란 실제 경제에 영향을 미치는 척도로서 국내의 생산품을 수출하는 경우 부가가치는 수출액보다 작은 것이 보통이다. 만약 수입품을 그대로 제3국에 수출하는 중계무역의 경우 부가가치는 영이 된다.

예제 3-1

구분	A국	B국	C국
총액 기준		100달러 → 총수출(중간재)	110달러 → 총수출
부가가치 기준			10달러 → 부가가치 수출
		100달러 → 부가가치 수출	

상기의 OECD 예제에서 A국이 생산한 중간재를 B국에게 100달러 수출하고, B국은 A국에서 수입한 중간재를 모두 투입 생산하여 최종재를 C국에게 110달러 수출한 경우 총액 기준으로 보면 A국은 수출 100달러를, B국은 수출 110달러를, 세계경제의 총수출은 210달러로 측정된다. 이중계산의 문제가 발생한다. 반면, 부가가치 기준으로 보면 A국은 수출 100달러를, B국은 수출 10달러를, 세계경제의 총수출은 110달러로 계산된다.

특히, 이국 무역수지 측면에서 살펴보면 무역 불균형이 총액 기준과 부가가치 기준 간에 큰 차이가 난다. 총액 기준으로 보면 A국은 B국에 대해 100달러 흑자를(B국은 A국에 대해 100달러 적자를), B국은 C국에 대해 110달러 흑자(C국은 B국에 대해 110달러 적자)를 기록한다. 반면, 부가가치 기준으로 보면 A국은 C국에 100달러 흑자를, B국은 C국에 대해 10달러 흑자(C국은 A국에 대해 100달러 적자를, B국에 대해 10달러 적자)를 나타낸다.

달리 말하면, C국은 총액 기준으로 B국에 110달러의 무역수지 적자를 보고 A국과는 무관하다. 하지만 부가가치 기준으로 보면 C국의 무역 적자는 B국으로부터 10달러를, A국에서는 100달러로 나타남에 따라 실질 교역관계가 더욱 명확해진다.

부가가치 무역 혹은 부가가치 무역의 측정이 필요해진 주요한 동기 및 정책적 시사점을 UN(2013)의 발표를 중심으로 정리해보면 다음과 같다.

첫째, 한 나라의 수출(해외수요)에 의해 만들어진 국내 부가가치는 부가가치 무역을 통해 측정할 수 있는데 이는 개발 전략과 산업정책에 필수적이다. 어떤 국가는 글로벌 가치사슬의 특정 부분에서 비교우위를 개발하여 이득을 얻으면서 자본을 축적한다.

예를 들어, 중국은 한때 대다수의 수출이 조립생산 위주여서 국내 창출 부가가치가 낮았다. 또한 WTO/OECD는 한국의 수출총액 대비 부가가치 수출의 비중이 1995년 77.7%에서 2011년에는 58.3%로 하락했다고 밝혔다.

최종재를 생산하기 위한 단계별 국제 분업이 활발해져 각국에서 수출액 가운데 국내생산의 부가가치 비중이 감소하는 현상에 대해, 존슨(2014)에 의하면, 전 세계의 수출총액 중에서 부가가치 수출은 약 70-75%를 차지하는데 이는 이중계산 문제가 커졌기 때문에 1970년대의 약 85%에 비해 더 감소한 것이다. 무역통계를 총합으로 측정하는 경우에 투입한 중간재와 최종 재화가 포함되므로 이중계산의 문제가 발생한다.

둘째, 한 나라 수출의 국내 부가가치가 낮을수록 수출의 해외 요소(수출이 창출한 해외 부가가치)가 높음을 의미한다. 이 경우 글로벌 가치사슬에 접근성과 효율적인 수입의 달성이 문제가 될 것이다. 그러나 총수출로는 수출의 해외 요소를 나타낼 수 없으므로 보호 산업정책을 지향할 위험이 있다.

한국은행(2009)에 따르면 한국의 최종재 수출에 의한 국내 부가가치 유발효과가 58.7%로 나머지 41.3%는 원자재와 중간재를 수출한 다른 나라들의 몫이다. 이는 일본(86.1%), 미국(83.2%), 중국(72.9%), 독일(67%)보다 세계경제에 더 많이 기여하고 있음을 시사해준다.

셋째, 한 나라의 수입에 의해서도 국내 부가가치가 만들어진다. 한 국내 산업에서 생산된 재화와 서비스의 중간재가 수출된 후 국내의 수입품에 체화되어 되돌아온 경우에 해당된다. 따라서 관세와 비관세장벽 및 무역제한조치가 국내외의 생산자 모두에게 영향을 미칠 수 있다.

무역 장벽의 완화가 수직적 분업(수출재 생산에 투입된 수입 중간재)의 확대와 무역의 성장을 유발해준다. 현재 수직적 분업은 세계무역량의 약 30%를 차지하고 있다. 그리고 2004년에 총액무역 대비 부가가치 무역이 EU의 경우는 약 80%를, 브릭스는 80%이하를 차지하였다.

넷째, 부가가치 무역이 서비스무역을 제대로 측정해준다. 재화산업이 서비스 중간재를 상당히 투입하고 있음에도 불구하고, 기존 총무역 측정방식은 운송, 물류, 금융 등 무역에 필수적인 서비스 부문의 기여도를 과소평가하기 때문이다. 예를 들어, 세계무역에서 서비스무역이 차지하는 비중을 무역총액으로 측정하면 25% 이하지만 부가가치 무역으로 측정하면 이보다 더 커진다. 따라서 부가가치 무역 관점에서는 서비스무역의 자유화, 해외 직접투자 확대 및 효율적 서비스의 접근성 개선이 재화산업의 수출경쟁력을 개선할 수 있다.

존슨(2014)에 의하면, 전 세계 수출 중에서 제조업 부가가치 수출의 차지 비중은 총액 기준의 약 70%에 비해 약 40%로 낮았고, 서비스 부가가치 수출의 비중은 총액 기준의 약 20%에 비해 약 40%로 높았다. 그 이유는 제조업 수출품의 생산에는 서비스가 제조업 수출의 중간재로 사용되었고, 제조업은 서비스에 비해 수직적 특화(수출품의 수입비중)가 더 높기 때문이다. 세계자본시장의 발달로 인해 활발해진 은행업 등 서비스 산업이 다국적 소싱으로 증가했으며, 해외 직접투자도 제조업에서 서비스 분야로 크게 이동하여 서비스 투입이 글로벌 생산망을 확대시켜주고 있다.

예를 들어, 수직적 특화의 글로벌 공급사슬에서 중국은 동아시아 등에서 수입한 부품을 사용하여 최종 재화를 주로 조립 생산하므로 미국과 유럽에 대한 무역흑자가 부가가치로 보면 총액보다 더 낮아진다. 반대로 일본은 부품과 부분품을 많이 수출하는데, 수입부품으로 조립 생산한 최종재를 미국과 유럽에 수출하는 아시아 국가에게 수출하므로 미국과 유럽에 대한 무역흑자가 부가가치로 보면 더 높아진다.

또한, 수직적 특화의 다단계 생산은 세계무역에 대한 무역비용을 증가시킨다. 총수입에 부과되는 관세 및 수출입 운송비용이 존재하기 때문이다. 글로벌 생산망에 참가한 방법에 따라 각국은 무역비용 증가에 노출된다. 보통 개도국에서는 제조업 수출의 부가가치 비중이 낮기 때문에 개도국이 선진국 보다 더 많은 무역비용 증가효과를 겪게 된다.

다섯, 이국간의 무역수지를 무역총액으로 측정하면 외국산 투입물 가치가 포함된 최종재 수출과 관련되어 무역수지의 적자나 흑자가 과대해진다. 따라서 부가가치 무역 관점에서는 양국 무역의 불균형을 낮추어주므로 글로벌 불균형이 완화되고 이에 대한 보호주의 조치를 해소할 수 있다.

존슨과 노구에라(2012)는 부가가치 기준 양국 무역의 불균형이 총액 기준과 차이가 크다는 점을 2004년에 미국과 중국의 부가가치 기준 무역 불균형이 총액에 비해 30-40% 정도 낮다고 추정해서 밝혔다.

　　여섯, 정책당국이 거시경제 충격의 영향을 예측하고 이에 적합한 정책을 채택할 때 부가가치 무역은 무역총액에 비해 편의가 없다. 무역총액으로만 단기 총수요에 대한 무역의 영향을 분석하는 경우 편의가 발생할 수 있기 때문이다.

　　예를 들면, 금융위기(2008-2009년)에서 신용축소에 영향을 받은 시장수요에 대한 충격의 전이로 인해 글로벌 공급사슬을 따라 무역과 총수요의 감소가 심화되었다. 이 경우 금융위기 충격이 무역에 미친 영향을 분석할 때 부가가지 무역이 더 정확한 기반을 제공할 것이다.

　　일곱, 무역이 노동시장에 미친 영향을 분석하려면 무역의 일자리 창출을 추정하는 것으로서 부가가치 무역을 이용해야 한다. 부가가치란 생산에 기여하는 일자리와 투자이기 때문이다. 특히, 비교우위를 직무에 적용시키는 경우 수출의 국내 부가가치에 체화된 노동의 숙련도가 국가별 개발 수준을 나타내준다.

　　선진 산업 국가들은 보수가 많고 부가가치 큰 숙련도가 높은 업무에 특화하려는 경향이 있다. 예로써, 일본은 중간숙련 노동과 고숙련 노동 위주의 수출 및 저숙련 노동자가 생산한 수입에 초점을 두고 있다. 반면 중국은 저숙련 일자리에 특화하고 있으며, 한국은 일본과 중국의 중간 단계로서 일본에 근접해 가고 있다.

　　지금부터는 세계경제에서 글로벌 가치사슬이 심화됨에 따라 더욱 중요해진 부가가치 무역에 대해 세부적인 개념들을 설명하면서 단순한 모형의 형태로 제시하려고 한다.

　　먼저, 부가가치 무역의 측정 개념에 대해 들여다보면, 특정한 산업이나 교역국에 대한 수출의 국내 부가가치(부가가치 수출)는 수출에서 수출의 해외 부가가치(수직적 특화)를 공제한 것이다. 즉, 세계경제하에서 자국의 다른 나라들에 대한 부가가치 수출은 자국을 제외한 여타 국가들의 최종 수요(국내소비와 수입)를 충족하기 위해 자국에서 창출된 부가가치를 말한다.

　　수출 = 수출의 국내 부가가치 + 수출의 해외 부가가치 혹은

　　부가가치 수출 = 수출 - 수출의 해외 부가가치

비슷한 논리로서, 특정한 산업이나 교역 상대국에 대한 수입의 해외 부가가치(부가가치 수입)는 수입에서 수입으로부터의 국내 부가가치를 공제한 것이다. 즉, 세계경제하에서 자국의 다른 나라들로부터 부가가치 수입은 자국의 최종 수요를 충족하기 위해 여타 국가들에서 창출된 부가가치를 말한다.

수입 = 수입의 해외 부가가치 + 수입의 국내 부가가치 혹은
부가가치 수입 = 수입 − 수입의 국내 부가가치

세계경제하에서 부가가치 수출과 부가가치 수입이 정의되면 특정한 국가의 부가가치 무역수지는 아래와 같이 정의될 수 있다.

부가가치 무역수지 = 부가가치 수출 − 부가가치 수입

참고로, 한 나라 안에서는 무역수지가 수출에서 수입을 공제해 측정되는데 이는 GDP에 대한 부가가치를 의미한다. 이것은 세계경제하에서 개별 국가에 대한 부가가치 무역수지와 구분되어야 할 것이다.

무엇보다, 이국 간의 교역 측면에서는 총교역량 방식으로 측정한 수출이나 수입 및 무역수지가 부가가치 기준과 달라질 수 있다. 해외 직접투자와 가치사슬 참가율이 확대될수록 부가가치 교역은 증가하므로 총교역량 방식이 부가가치 기준과 차이가 더 나게 된다. 부가가치 무역의 측정 개념에 따라 이국(자국과 타국) 간 교역에서 자국의 타국에 대한 부가가치 기준 수출과 수입 및 양국 간의 부가가치 무역수지가 손쉽게 계산될 수 있다.

한국과 미국 간의 쌍무무역을 예로 들면, OECD-WTO 발표 자료에 기초해서 2011년도 기준 한국의 수출입 현황을 계산해보면, 아래의 세계경제 측면에서의 〈사례 3-1〉과 이국경제 측면에서의 〈사례 3-2〉처럼 나타난다.

사례 3-1

한국의 총수출	
1. 재화와 서비스의 총수출	622,265.1 (백만 US달러 단위)
2-1. 최종재의 총수출	214,057.9
2-2. 중간재의 총수출	408,207.2
3-1. 부가가치 총수출	358,322.5

한국의 총수입	
1. 재화와 서비스의 총수입	600,413.0 (백만 US달러 단위)
2-1. 최종재의 총수입	110,505.0
2-2. 중간재의 총수입	488,908.0
3-1. 부가가치 총수입	336,470.4

한국의 무역수지	
1. 무역수지 (총액 순수출)	21,852.1 (백만 US달러 단위)
2. 무역수지 (부가가치 순수출)	21,852.1

사례 3-2

한국의 대미 수출입		미국의 대한 수출입	
1-1. 대미 수출	68,829.1	1-1. 대한 수출	64,912.5
1-2. 대미 부가가치수출	59,953.3	1-2. 대한 부가가치수출	44,930
2-1. 대미 수입	64,912.5	2-1. 대한 수입	68,829.1
2-2. 대미 부가가치수입	44,930	2-2. 대한 부가가치수입	59,953.3
3-1. 대미 무역수지(총액)	3,916.6	3-1. 대한 무역수지(총액)	-3,916.6
3-2. 대미 무역수지 (부가가치)	15,023.3	3-2. 대한 무역수지 (부가가치)	-15,023.3

그런데 휴멜스 등(1999)은 무역의 수직적 분업을 수출 내의 해외 부가가치로 보고 투입산출표에 기초해서 국가 간 무역이 포함되지 않은 아래의 지표로 측정했다.

$$\left\{ \frac{수출 \times 수입\ 중간재}{총산출} \right\}$$

이후 국가 간의 무역을 포함시킨 레온티에프 역행렬을 투입산출표에 기초해 부가가치 무역을 측정하는 방법론이 제시되었다. 쿠프맨 등(2014)은 한 나라가 생산한 총산출이 중간재와 최종재 및 국내외 재화들로 사용된다는 관계를 회계 측면에서 나타냈다.

쿠프맨 등(2014)의 핵심적 방법론을 검토하면 아래와 같다. 한 나라의 총생산에 대한 직간접적 사용을 이국 무역을 고려한 회계적인 관계로 제시해보자.

$$Y_i = a_{ii}Y_i + a_{ij}Y_j + A_{ii} + A_{ij}$$
$$Y_j = a_{jj}Y_j + a_{ji}Y_i + A_{jj} + A_{ji}$$

여기서 Y_i = 자국 총산출, Y_j = 외국 총산출, A_i = 자국 최종 수요, A_j = 외국 최종 수요, a = 투입산출계수. A_{ii}는 자국이 생산한 최종재에 대한 자국의 최종 수요를, A_{ij}는 자국 생산물에 대한 외국의 최종 수요를 나타내며, 유사하게 A_{jj}와 A_{ji}가 정의된다. a_{ii}는 자국의 단위 생산에 사용된 자국산 중간재 단위를, a_{ij}는 외국의 단위 생산에 사용된 국내산 중간재 단위를 나타내며, 비슷하게 a_{jj}와 a_{ji}가 정의된다.

상기의 식을 국가 간의 투입산출모형으로서 생산과 무역에 대해 나타내면 아래와 같다.

$$\begin{bmatrix} Y_i \\ Y_j \end{bmatrix} = \begin{bmatrix} a_{ii} & a_{ij} \\ a_{ji} & a_{jj} \end{bmatrix} \begin{bmatrix} Y_i \\ Y_j \end{bmatrix} + \begin{bmatrix} A_{ii} + A_{ij} \\ A_{ji} + A_{jj} \end{bmatrix}$$
$$= \begin{bmatrix} I - a_{ii} & -a_{ij} \\ -a_{ji} & I - a_{jj} \end{bmatrix}^{-1} \begin{bmatrix} A_{ii} + A_{ij} \\ A_{ji} + A_{jj} \end{bmatrix}$$

상기 식은 레온티에프의 기본적인 투입산출 항등식으로서 글로벌 소득(Y)과 글로벌 최종 수요(A)로 나타내면 다음과 같다. $Y = aY + A$, $Y = (I - a)^{-1}A$. 행렬 a는 한 나라의 특정재화가 중간재 투입방식에 따라 어떻게 생산되는지를 나타낸다. 이식의 첫 번째 항목 혹은 $(I - a)^{-1}$은 항등행렬(I)과 중간재 투입계수를 가진 투입산출과 관련된 레온티에프 역행렬이다. 본 항등식은 생산된 재화가 중간재 투입으로 사용되거나 최종 재화로 소비됨을 나타낸다.

자국에서 1단위 최종재를 생산하기 위해서는 국내산 중간재, a_{ii}와 수입한 외국산 중간재, a_{ji}를 투입함에 따라 자국 생산물의 부가가치의 비중은 아래와 같다. 유사한 방법으로 외국 생산물의 부가가치 비중도 구할 수 있다.

$$V_i = 1 - a_{ii} - a_{ji}$$
$$V_j = 1 - a_{jj} - a_{ij}$$

여기서 V_i = 국내 단위생산물의 부가가치 비중, V_j = 외국 단위생산물의 부가가치 비중. 이를 이용하면 각국의 부가가치 수출을 아래처럼 측정할 수 있다.

$$VX_i = V_i \cdot Y_{ij}$$
$$VX_j = V_j \cdot Y_{ji}$$

여기서 VX_i = 국내의 부가가치 수출, VX_j = 외국의 부가가치 수출, Y_{ij} = 자국의 총산출 가운데 외국에서 최종 수요되는 부분, Y_{ji} = 외국의 총산출 중 자국에서 최종 흡수되는 부분.

이에 비해, 자국과 외국의 총수출(X)은 다음과 같아진다. $X_i = a_{ij} \cdot Y_{ij} + A_{ij}$, $X_j = a_{ji} \cdot Y_{ji} + A_{ji}$. 그리고 $X - VX > 0$. 왜냐하면 수출의 생산이 수입 중간재(해외 부가가치)와 수출 후 재수입된 국내 부가가치를 이중계산하기 때문이다.

그리고 한 나라의 수출(X)을 수출의 국내 부가가치(VX)와 수출의 해외 부가가치(VS)의 총합으로 나타낸다면, 즉 $X = VX + VS$이면, 수직적 특화(VS)는 수출에서 부가가치 수출을 공제해서 $VS = X - VX$로 나타낼 수 있다. 보통 수출의 국내 부가가치는 최종재와 중간재 수출의 국내 부가가치, 수출의 해외 부가가치는 수입 중간재의 외국 부가가치, 그리고 수출의 서비스 국내 부가가치는 수출재에 결부된 국내 서비스의 부가가치 기여분, 수출의 서비스 해외 부가가치는 수입 중간재에 결부된 해외 서비스의 부가가치를 말한다.

또한, 한 나라의 GDP는 국내에서 소비되는 부가가치와 부가가치 수출의 총합을 의미한다. 자국과 외국의 GDP를 각각 다음처럼 간단히 나타낼 수도 있다.

$$GDP_i = V_i \cdot Y_i$$
$$GDP_j = V_j \cdot Y_j$$

그리고 양 등(2014)은 글로벌 가치사슬(GVC)을 다음처럼 나타냈다.

$$GVC = VY = V(I - a)^{-1}A$$

여기서 V = 단위생산물의 부가가치 비중 ($= \begin{bmatrix} V_i & 0 \\ 0 & V_j \end{bmatrix}$).

그 밖에는 티머 등(2012)이 한 나라의 글로벌 가치사슬에서 얻은 소득을 기초로 최종 수요를 생산단계별로 세분화시키는 방법론을 제시했다. 이때 각 국가의 소득은 타국가의 최종 수요로 유발되는 직간접적인 부가가치가 되며, 세계 소득은 각국의 글로벌 가치사슬 소득으로도 나뉜다.

끝으로 다시 무역통계에 대해 언급해보면, 전통적인 무역총액은 중간재 수출이 어떻게 사용되었는지, 기업의 다국적 생산과정에서 무엇이 가장 활발한지 등에 관한 충분한 정보를 제공하지 못한다. 따라서 부가가치 무역통계를 통해 이를 보완할 수 있고 세계경제에서 각국의 통합된 역할을 더 잘 이해할 수 있다. 부가가치 무역은 이중계산 문제를 피하게 해주고, 국가 간의 순무역흐름을 설명해주며, 국가별로 부가가치와 그 재원은 투입산출표와 국민소득회계를 사용하여 구할 수 있다.

summary

3.2.2 부가가치 균형 환율 접근법

무역 흐름과 부가가치 창출 간의 차이가 커짐에 따라 국제무역, 무역의 국민소득에 영향, 무역정책, 여타 환율정책과 조세정책 등에 대한 사고방식이 변하고 있다. 이중 하나가 실질실효환율에 글로벌 가치사슬의 확대에 따른 수직적 특화의 개념을 추가시켜 부가가치 실질실효환율지수를 구축하는 것이다. 부가가치 실질실효환율은 부가가치 수요인 노동과 자본을 직접 요약한 측도라고 말할 수 있다.

전통적인 실질실효환율은 각 국가들이 자국의 중간재만을 투입하여 자국에서만 생산한 재화를 판매하기 위해 서로 경쟁한다고 가정하고 있다. 따라서 수출을 위해 수입이 늘어난 세계경제에서 실질실효환율은 무역의 수직적 특화를 반영하지 못하는 단점이 있다. 따라서 수입 중간재 투입, 산업 내 무역, 산업 간 이질성 등이 반영된 글로벌 가치사슬을 고려하여 대외경쟁력을 평가하는 부가가치 실질실효환율이 고안되었다.

전통적인 실질실효환율은 일정한 대체탄력성을 가진 총산출 수요의 제약하에서 총산출에 대한 대외 경쟁력을 측정해주는 반면 부가가치 실질실효환율은 부가가치에 대한 가격 경쟁력을 측정해준다. 그리고 이들은 균형 환율로서 통화의 균형 이탈과 조작, 위기에 노출 정도 등을 나타내준다. 그렇지만 부가가치 실질실효환율은 실질실효환율과 측정의 상이함으로 인해 다른 데이터를 사용하게 된다.

다시 말하면, 한 나라의 실질실효환율은 경쟁력을 가늠하기 위해 널리 사용된다. 전통적인 실질실효환율은 각국들이 자국의 투입물을 사용해 생산한 수출품을 판매하기 위해 서로 경쟁한다고 가정한다. 그러나 이는 수입 중간재가 수출품의 생산에 널리 사용되는 무역의 수직적 특화가 증대된 오늘날 세계경제에서는 적합하지가 않을 수 있다. BIS 보고서 등에서도 심화된 글로벌 공급망을 감안하지 않고서 전통적인 실질실효환율 같은 표준적인 환율모형을 통해 분석하는 작업은 시대에 뒤떨어진 낡은 이론이 될 것이라고 지적했다. 예를 들어, 쿠프맨 등(2014)은 실질실효환율의 측정에서 총수출과 총수입에 기초한 무역 가중치를 사용하는 것에 비해 부가가치 수출입의 상대적 중요성에 기초한 무역 가중치를 사용하는 것이 더 우월함을 증명하였다.

글로벌 가치사슬과 수직적 특화가 경쟁력 평가에서 중시됨에 따라 전통적인 실질실효환율보다 더욱 정확한 지수가 필요해졌다. 전통적 실질실효환율에서는 각국이 최종재만 수출하는 세계경제를 가정하므로 증가한 중간재 수출을 반영하지 못하고 있다. 따라서 수출국 내에서만 생산된 재화보다는 중간재의 무역을 반영해서 만든 부가가치 실질실효환율이 더 중요해졌다. 이는 세계시장에서 비슷한 재화들을 놓고 경쟁하기보다 공급사슬의 부가가치를 얻기 위해 경쟁하겠다는 말이다.

무엇보다, 부가가치 기반 실질실효환율은 전통적인 실질실효환율을 기초로 삼아 중간재 무역 및 한 나라의 부가가치 경쟁력을 추가로 반영한 지수이다. 이에 따라, 두 가지의 변화를 고려해서 만들어진 지수이다. 첫째로, 공급 측면에서는 무역경쟁의 부가가치 요인을 더 잘 나타내기 위해 소비자 물가지수가 아닌 GDP 디플레이터를 사용한다. 둘째로, 한 나라의 부가가치 수출입을 양국 간의 무역 가중치로 계산하여 사용한다. 이 실질실효환율은 교역쌍방 간의 부가가치 가격변동을 합해서 집계되고 부가가치를 위한 수요와 연계된다.

다음은 벰스와 존슨(2012, 2015)의 부가가치 환율모형을 기초로 부가가치 실질실효환율을 검토해보자. 이는 전통적인 실질실효환율을 사용하되 부가가치 물가지수와 부가가치 수출 가중치를 사용한 것이다.

첫째, 부가가치 실질실효환율지수는 부가가치 물가지수로 GDP 디플레이터를 사용한다. 특히, 투입산출 모형을 통해 총물가를 부가가치물가로 연결함으로써 부가가치 물가 측면에서 부가가치 수요를 나타낸다. 그리고 양국 간 물가의 가중치는 투입산출 구조상 공급과 수요의 탄력성에 달려 있다.

둘째, 부가가치 실질실효환율지수는 부가가치 무역 가중치를 사용함으로 자국(i)의 무역 상대국(j)에 대한 부가가치 무역 가중치(w_v^j)는 아래와 같다.

$$w_v^j = \left(\frac{vm_i}{vx_i + vm_i} \right) w_v^{j,m} + \left(\frac{vx_i}{vx_i + vm_i} \right) w_v^{j,x}$$

여기에서 v의 기호는 부가가치를 지칭한다. 자국 입장에서 국가별로 수출과 수입을 측정하는 이국(i와 j)간의 관계에서, vm = 부가가치 수입, vx = 부가가치 수출.

수입 중간재의 존재로 인해 총산출에 대한 수요와 다른 부가가치에 대한 수요의 탄력성이 상이하다면 부가가치 실질실효환율지수의 가중치는 달라진다. 이 경우에 부가가치 무역흐름 뿐만 아니라 지수의 가중치를 구축하기 위해 글로벌 투입산출 모형을 이용하며, 지수의 가중치는 생산과 수요의 상대적 탄력성 크기에 따라 결정된다.

전통적인 실질실효환율지수처럼 한 나라의 비교 시점 부가가치 실질실효환율지수가 100 이상이면 다른 교역국들에 대해 기준 시점에 비해 국내통화가 고평가를, 100 이하이면 기준 시점 대비 교역 상대국 통화들에 대한 자국 통화의 저평가를 나타낸다고 판정할 수 있을 것이다.

첫째, 〈부가가치 실질실효환율지수〉

비교 시점 지수 > 기준 연도 지수(＝1) ⇒ (교역국 통화들 대비) 자국 통화 고평가

비교 시점 지수 < 기준 연도 지수(＝1) ⇒ (교역국 통화들 대비) 자국 통화 저평가

각국의 부가가치 실질실효환율을 비교하면 부가가치에 대한 국제경쟁력의 증감을 판단할 수 있다. 이 지수를 실질실효환율처럼 균형 환율로 간주해서 교역국 통화들에 비해 평균적으로 절상이나 절하 여부도 판정할 수 있다.

아래의 〈사례 3-6〉은 한국과 미국의 부가가치 실질실효환율에 대한 주요한 시계열 자료를 나타내고 있다. 측정 방법은 BIS의 방법론을 토대로 소비자 물가지수 대신 GDP 디플레이터를, 총액무역 대신 부가가치 무역 가중치를 사용하여 계산하였다.

사례 3-1은 BIS(2006)의 "Narrow Method"에 따라 계산한 실질실효환율지수이다. 특히, 부가가치 실질실효환율지수는 BIS(2006) "Narrow Method"에 따른 27개국 및 중국의 GDP 디플레이터와 부가가치 수출입을 사용하여 계산한 지수이다.

실질실효환율과 부가가치 실질실효환율은 대체로 유사하게 움직이지만 물가수준과 무역가중치의 상이함 때문에 다소 차이가 있었다. 한국의 경우 2010년 이후 부가가치 실질실효환율 수준이 기준년도(2010년)인 균형환율에 가까이 있었다. 미국의 경우는

부가가치 실질실효환율 수준이 균형환율에 비해 다소 낮아서 미국달러화가 평가절하 상태임을 암시한다.

사례 3-1

연도	한국 원화		미국 달러화	
	실질실효환율지수	부가가치 실질실효환율지수	실질실효환율지수	부가가치 실질실효환율지수
2005	0.980	0.977	1.058	1.059
2006	0.979	0.977	1.033	1.042
2007	0.993	0.982	0.954	0.966
2008	1.023	1.012	0.954	0.934
2009	1.045	1.028	0.948	0.947
2010	1.0	1.0	1.0	1.0
2011	1.001	0.998	0.970	0.963
2012	1.014	1.003	0.997	0.980
2013	1.019	1.004	0.966	0.957
2014	1.010	0.997	1.012	0.992

기준년도 (2010 =1.0).

더 나아가 부가가치 실질실효환율지수를 균형 환율로 사용해서 장기 환율 예측이 형성돼가는 동태적 경로 및 그 방향을 나타내면 다음과 같다.

둘째, 〈부가가치 실질실효환율 균형 환율 – 경상수지〉

　　부가가치 경상수지 흑자 ⇒ 부가가치 실질실효환율 상승
　　⇒ (자국 통화 강세) 환율 하락 예측

　　부가가치 경상수지 적자 ⇒ 실질실효환율 하락
　　⇒ (국내통화 약세) 환율 상승 예측

셋째, 〈부가가치 실질실효환율 균형 환율 – 통화가치〉

　　경쟁국 통화가치 상승 ⇒ 부가가치 실질실효환율 하락 ⇒ 환율 상승 예측

나아가 부가가치 실질실효환율은 장래의 환율움직임을 예측하도록 도와주는 역할을 비롯해 수직적 특화에 의거해서 국내의 부가가치 수요가 어떻게 변동하는지를, 즉, 국내 부가가치의 가격이 경쟁국에 비해 상대적으로 변동할 때 국내생산의 부가가치 수요가 어떻게 변하는지를 나타낸다.

전통적인 수출을 위한 환율정책에서는 환율 인상의 경우 수출품 가격하락에 따른 가격경쟁력의 상승을 가져다줄 것으로 기대되는바 경기 부양을 위한 환율정책을 고려하는 이유가 된다. 그렇지만 수입품가격 상승에 따른 소비와 투자의 위축, 환율 조작국으로 인식 및 무역보복 조치를 당할 가능성, 대외 부채의 증가와 국가재정의 부담 때문에 환율정책을 사용하기가 어렵다.

이에 반해, 부가가치 기준 수출과 환율의 관계에서는 환율 인상의 경우 국내생산의 부가가치 비중이 하향하거나 수출품 안에 수입한 중간재가 많아서 수출가격의 인하효과를 상쇄한다면 환율정책의 효과가 약화된다. 환율 인상이 수출 증대에 미치는 영향은 갈수록 감소하고 있다. 다국적 가치사슬의 확대 속에서 부가가치 무역의 증가로 수출에 대한 환율전가 및 환율의 수출탄력성이 점차 낮아지기 때문이다.

부가가치 실질실효환율은 전통적 실질실효환율과 차이가 늘어나는데, 한 발표에 따르면 중국의 경우 2000-2009년 동안 부가가치 실질실효환율이 약 20% 절상된 상태라고 한다. 그 원인은 부가가치 실질실효환율의 수준을 결정해주는 가격과 무역 가중치의 변동 등에서 찾을 수 있다. 그리고 1995 ~ 2007년 동안 유로존의 경우 전형적 실질실효환율에 비해 부가가치 실질실효환율이 독일에서는 평가절하된 반면 포르투갈, 이탈리아, 아일랜드, 그리스 및 스페인에서는 절상되었다.

INDEX